跟大師
學創造力
1

伽利略的
大發現
＋
25個
酷科學實驗

理查·潘奇克 RICHARD PANCHYK 著　周宜芳 譯

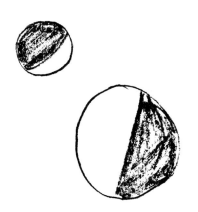

Galileo

His Life and Ideas, 25 Activities

謹以本書記念

學識淵博的克雷騰麥爾

（Blasius Klettenmeyer，1559-1600 年），

他開啟了我的旅程。

兩個真理絕不會相互矛盾。

——伽利略，1613 年

目錄

Chapter 1

伽利略之前的科學與天文學　21

Chapter 2

故事的起點　37

總導讀

鄭國威（泛科學總編輯及共同創辦人）

　　身為一介投身科學知識傳播與教育領域的文科生，我一直在找尋兩個問題的答案。第一個問題是，要怎樣讓比較適合文科的孩子不要放棄對理科的好奇心與興趣？第二個問題是，要怎樣讓適合理科的孩子未來能夠不要掉入「專業的詛咒」？

　　選擇理科或文科，通常不是學生自己由衷的選擇，而是為了避免嘮叨跟麻煩，由環境因素與外人角力出的一條最小阻力路徑。孩子對知識與世界的嚮往原本就跨界，哪管大人硬分出來的文科或理科？更何況，過往覺得有效率、犧牲程度可接受的集體教育方針，早被這個加速時代反噬。當人工智慧加上大數據，正在代理人類的記憶與決策，而手機以及各種物聯網裝置，正在成為我們肢體的延伸，「深度學習」怎麼會只是機器的事？我們人類更需要「深度的學習力」來應對更快速變化的未來。

　　根據國際學生能力評量計畫（PISA，Programme for International Student Assessment），台灣學生雖然數理學科知識排名前列，但卻缺乏敘理、論證、思辯能力，閱讀素養普遍不足。這樣的偏食發展，導致文科理科隔閡更遠，大大影響了跨領域合作能力。

文科理科繼續隔離的危害，全世界都看見了，課綱也才需要一改再改。但這樣就能解決開頭問的兩個問題嗎？我發現的確有解法，而且非常簡單，那就是「讀寫科學史」，先讓孩子進入故事脈落，體驗科學知識與關鍵人物開展時到底在想什麼，接著鼓勵孩子用自己的話來回答「如果是你，你會怎麼做？」「如果情況變了，你認為當時的 XXX 會怎麼做？」等問題，來學習寫作與表達能力。

閱讀是 Input，寫作是 Output，孩子是否真的厲害，還得看他寫了什麼。炙手可熱的 STEAM 教育，如今也已經演變成了「STREAM」——其中的 R 指的就是閱讀與寫作能力（Reading & wRiting）。讓偏向文科的孩子多讀科學人物及科學史，追根溯源，才能真正體會其趣味，讓偏向理科的孩子多讀科學人物及科學史，更能加強閱讀與文字能力，不至於未來徒有專業而不曉溝通。

市面上科學家的故事版本眾多，各有優點。仔細閱讀過這系列，發現作者早就想到我尋覓許久才找到的解法。不僅故事與人物鋪陳有血有肉，資料詳實卻不壓迫，也精心設計了隨手就可以體驗書中人物生活與創造歷程的實驗活動，非常貼心。這套書並不只給孩子，我相信也適合每個還有好奇心的大人。

導讀

張東君（科普作家）

　　對於很多事、很多人，我們總是「以為自己知道，但其實並不知道」。牛頓與伽利略，再加上愛迪生、達爾文，以及其他很多很多的科學家，我們也都只是知道他們的名字，也許再加上一、兩個類似蘋果、鐘擺、電燈泡、演化論等關鍵字，就有著已經了解他們的錯覺。牛頓說：「如果我能看得更遠，那是因為我站在巨人的肩膀上。」而我們之所以能夠處在現今這樣科技進步的時代，都多虧了這些前人。那麼，從這幾本書中好好瞭解他們，再動手做做看他們曾經專注鑽研過的實驗，也是一種向他們致敬的方式。因為，科學史真的很重要（我說啊，跟隨著他們的思緒及研究過程，對考試一定很有幫助的啦）！

　　伽利略的鐘擺理論告訴我們：「擺錘的完整週期，會隨著擺線長度改變，但是與擺錘重量無關。」據說這個理論的初始，是伽利略看著教堂天花板垂掛的吊燈擺動，注意到來回擺動一次的時間總是保持一致，聯想到時鐘下方的鐘擺與擺動週期規律……這個故事讓我們猜測，伽利略很可能覺得神職人員的演說太無聊了，才會放空又盯著天花板跟吊燈瞧，一邊數它來回擺動的次數，一直數、一直數。我想像他會如此數個不停，是因為我自己有類似的

經驗——當我在走路時也會數自己的步伐；甚至在游泳、抬頭起來換氣的時候，我還會數著對面牆上的磁磚，五塊、十塊、十五塊……。不同的是，伽利略數吊燈擺動的故事以及背後的重要理論，將會流傳世世代代，而我一邊游泳一邊數磁磚，一邊走路還一邊數步伐，其實只是要讓我原本想要休息的腦袋，持續工作而已啊。

以往我們學（自然）科學時，因為缺乏系統的學習，往往不知其先後因果。而【跟大師學創造力】不但讓我們更深入認識伽利略、牛頓和其他科學家，同時了解他們所處的時代背景及各國、各領域的科學家們做學問之際的往來互動與糾葛。看完書，我們會發現，不論是不是所謂的天才，科學家們真的都會為了做研究而廢寢忘食，也因為堅持自己的理念與想法而不顧一切。

現在，就讓我們一邊看科學家的八卦，一邊動手做這些有趣的小實驗吧！

序

艾德林（*Buzz Aldrin*）

當伽利略第一次把他新發明的望遠鏡朝向天際時，他看到了宇宙的浩瀚。他發現了遠方的星星、月球上的山脈和太陽的黑子。因為他的研究成果，人類的天文學知識突飛猛進。伽利略相信地球繞著太陽運行，不過在他的時代，人們對這個想法仍有爭議。但是，他對真理的堅持，為現代天文科學打下基礎。

1969 年，阿姆斯壯和我踏上月球，那是科學名符其實的勝利時刻。從伽利略開始的革命，自此進入一個令人讚嘆的新階段。現在，我們能在太空遨遊，而不是只能凝望天空。現在，我們能觸摸月球，而不是只能看著月球來的石頭。我一向相信，太空探索有雄厚的潛力。太空探索不只能幫助我們了解宇宙運行的科學，也能幫助我們了解自己的星球和人類本身。

伽利略是一位天才，受到旺盛的好奇心引領。他對知識的渴望，對我們所有人都能有所啟發。如果我們能為了滿足內心對知識的飢渴而不斷奮鬥，絕對能送太空人上火星，甚至到更遠的地方。

伽利略的人生故事是關於天才和毅力最好的一課。雖然本書描述的事件發生在 400 年前，它們仍然符合現代的需要，沒有過時。人類每踏入太空一

小步，都應該記得，在伽利略的時代，光是睜開眼睛、瞧瞧望遠鏡裡的事物，都是勇敢的一步。

　　只要懷抱實現夢想的勇氣，以及滿足對天空無窮好奇心的意志力，沒有什麼是不可能的。

艾德林博士
退休美國空軍上校
1966 年雙子星十二號太空人
1969 年阿波羅十一號太空人

艾德林生於 1930 年，就讀美國西點軍校。空軍是他軍旅生涯的起點。他在韓戰期間出過 62 次飛行戰鬥任務。1963 年，他被美國太空總署（NASA）選為太空人。1966 年，他參加雙子星十二號任務，繞行地球 4 日。1969 年，他與阿姆斯壯、柯林斯加入阿波羅十一號登月任務。1969 年 7 月 20 日，他成為第二個踏上月球的人類。阿德林擁有麻省理工學院博士學位，協助 NASA 開發飛行器在太空中的對接技術。他還寫了幾本書，包括描述阿波羅十一號任務的《回到地球》（*Return to Earth*），以及幾本科幻小說。

月球上的艾德林，1969年。

作者的話

　　透過這本書，我試圖將伽利略一生的整體概況傳達給讀者，討論他最重要的科學發現，以及他在公私領域生活的奮鬥。我的目標是帶領讀者深入觀察這個人，以及他所身處的世界。

　　全書中，我採用了伽利略與人往來的書信。幸運的是，伽利略的書信大部分都保存下來。有些取自 19 世紀中期至晚期關於伽利略的書，例如《伽利略的故事》、馮・蓋勒的《伽利略與羅馬教會》、沙勒的《伽利略的生活、審判和同時代的人》和歐爾奈的《伽利略的私人生活》。有些則是自《伽利略作品集》和維維亞尼的《義大利貴族伽利略的人生歷史故事》摘錄義大利原文，並翻譯成英文。不管如何，我的目的都是讓讀者能更貼近伽利略的人生和時代。伽利略書信中的義大利原文所蘊涵的力道，以及鏗鏘有致的感覺，經常難以用英文重現。文中〔　〕裡的文字是我加上的解釋，用以補充引文的相關資訊。

　　本書提及大量的科學名詞、歷史名詞與人名，為了避免混淆，書末附有重要名詞及人名解釋。書末也有以下列表：重要地點、伽利略的重要著作，以及伽利略在世時在任的教宗和托斯卡尼大公。請注意，全書提到的耶穌會、道明會、本篤會、加爾默羅會和方濟會等，都是天主教會團體。

謝辭

　　這趟漫長而浩大的探索伽利略之旅，我要感謝所有幫助、鼓勵我的人。特別感謝傳奇人物艾德林對我的啟發，並為本書撰寫序。感謝雪莉協助我修改本書的寫作提案，全程參與本書的編輯工作。我也要感謝妻子卡倫的幫助和鼓勵。感謝馬修和伊麗莎白願意讓我偷點零碎時間寫作本書。特別感謝馬修幫助我測試書中的部分活動。此外，在我之前已有大量的研究成果，幫助我理解伽利略的人生和時代，我也要向這些傑出的前輩獻上我誠摯的謝意。

導論

　　伽利略是真正的天才。雖然大家都把他歸類為天文學家，但其實他的興趣很廣泛。他不但喜愛科學和數學，也熱愛音樂和藝術，一生中還有許多轟動全世界的偉大發現。他不僅僅是個科學哲學家，他同時也將他的想法付諸實際應用，做了許多發明。伽利略的思想領先和他同時代的人，而這本書要講的就是他的故事。

　　伽利略志在追尋真理。他認為沒有事物能夠取代觀察和實驗。他相信，在大自然裡觀察到的所有事物，都必定是上帝的傑作。不管《聖經》或研究《聖經》的神學家怎麼說，真理就在我們身邊，等待我們去發現。儘管伽利略的理論與教會對民眾的教導背道而馳，但他本人對宗教的信仰十分虔誠。他知道主張地球繞著太陽轉會給自己招來危險，但是他沒有讓會受到懲罰的威脅阻止他。他不認為自己的科學發現會威脅教會的地位，也想不透為什麼宗教和科學會混為一談。

　　伽利略的人生故事和現代有著極大的關聯。伽利略之後的時代，科學和宗教經常拔河，19世紀中期有達爾文的演化論，今日我們面對道德與宗教，也常左右為難。我們應該分裂原子、改造基因或複製動物嗎？科學研究應該不顧一切，勇往直前嗎？還是應該適可而止，到了某個界限就該止步呢？

伽利略向世人宣告他那些震撼世界的新觀念時，這些 21 世紀的重要問題也曾出現在他的腦海。人類應該為了知道更多而追求知識嗎？知識是危險的嗎？伽利略在吃盡苦頭後發現，科學有可能會變成政治糾紛，因為知識就是力量，也是權力。

　　伽利略的研究開啟了太空探索，而太空探索有可能揭開萬物起源的祕密。隨著發現愈來愈多，人類一定會遭遇科學與宗教的衝突。這時，我們或許能從伽利略的想法裡找到最好的解決辦法。科學和宗教只要彼此尊重，還是能夠和平共處。伽利略可能會這麼說，科學和宗教都能幫助人類了解自己。科學和宗教不一定要誓不兩立。

大事紀年表

西元

西元	事件
1054	中國人發現新恆星
1473	哥白尼誕生
1543	哥白尼的《天體運行論》出版 哥白尼逝世
1546	第谷・布拉赫誕生
1564	伽利略誕生
1571	克卜勒誕生
1572	超新星出現在天空
1577	大彗星出現在天空
1579	伽利略進入修道院學習
1581	伽利略進入比薩大學學習
1585	伽利略離開大學
1589	伽利略開始在比薩教學
1591	伽利略的父親逝世
1592	伽利略被迫離開比薩 接受在帕多瓦的工作
1600	伽利略的第一個孩子出生
1601	第谷逝世

伽利略光榮的重新下葬 1737

維維亞尼寫作伽利略的傳記 1654

伽利略逝世，葬於聖十字教堂的某個角落 1643

約翰‧密爾頓拜訪伽利略 1638

伽利略出版《兩種新科學》 1637

伽利略開始喪失視力 1637

伽利略的女兒瑪麗亞‧瑟蕾絲特逝世 1634

伽利略接受宗教裁判所的審判
被軟禁在西埃納
但後來獲准改在阿切特里軟禁 1633

《兩個世界體系的對話錄》出版 1632

克卜勒逝世；伽利略申請
《兩大世界體系的對話錄》出版許可 1630

《試金者》出版
教宗伍朋八世就任 1623

科西莫二世‧德‧梅迪奇逝世 1621

伽利略的母親逝世 1620

禁書審定院將哥白尼的書
列為禁書；樞機主教貝拉明
對伽利略提出警告 1614

多瑪索‧卡契尼舉發伽利略 1614

伽利略的兩個女兒進入修道院 1613

《浮體論》出版 1612

《星星的使者》出版
伽利略回到佛羅倫斯 1611

伽利略發現木星的衛星 1610

伽利略發明望遠鏡 1609

超新星出現 1604

17

義大利地圖

米蘭 ✹

帕多瓦 ✹   ✹ 威尼斯

✹ 佛羅倫斯
✹ 比薩

✹ 西埃納
✹ 利弗諾

✹ 羅馬

✹ 那不勒斯

Chapter 1

伽利略之前的科學與天文學

最早的天文學家，只不過是因為具備敏銳的觀察力和旺盛的好奇心，而剛好注意到天體的運行。許多先進的文明數千年前就有天文觀察，並加以應用創造曆法。多年來，許多哲學家和科學家提出各種理論。有些人認為地球是平的；有個希臘科學家認為地球是圓柱狀的；還有人認為宇宙的形狀像一顆蛋。大約西元前 500 年，有位名叫畢達哥拉斯（約西元前 580-500 年）的哲學家兼數學家，他相信太陽是世界的中心，而且地球是繞著太陽運轉。

亞里斯多德（西元前 384-322 年）相信地球是圓的，而且是宇宙的中心。他相信太陽和行星都繞著地球運轉。亞里斯多德是哲學家柏拉圖的學生，他是哲學家也是科學家。他的學說和著作成為全歐洲的大學教

學標準，一直到他過世後好幾百年都是如此。他寫作的主題包括邏輯學、物理學（探討固體、液體和氣體的具體特性的一門科學）和政治學。

約西元前 200 年，科學出現重大進展。當時，埃拉托斯特尼找出計算地球體積的方法。他運用亞歷山大港和賽印（現名阿斯旺）兩地的距離，加上太陽在兩地天空裡的角度，推算地球的圓周（即繞球體一周的距離）。天文學家希巴克斯（Hipparchus）為他在天空裡觀察到的八百多顆星星編製目錄，並根據亮度把它們分組。

下一個理論的提出，卻多少算是天文學的退步。托勒密（約西元 100-170 年）是埃及的哲學家及科學家，住在亞歷山卓城，生活在羅馬統治埃及的時期。托勒密是某部天文學百科全書的作者，他認同亞里斯多德的學說，認為地球不會移動，也是宇宙的中心。

托勒密認為，天空裡其他星體每 24 小時會從東向西繞著地球移動。行星和恆星位於包圍著地球的層層空心球體空間裡。各層有不同的星體：最靠近地球的是月球，第二層是水星，第三層是金星，第四層是太陽，接下來的第五、六、七、八層，則分別是火星、木星、土星和恆星。這個理論解釋太陽和月亮不僅看起來像在天空中移動，事實上也真的繞著地球運行。這套行星運動的系統，就是所謂的「托勒密體系」。

古人看著滿天星星，試圖想要了解眼前的景象。定位和編排星星很困難，直至人類終於找到一個簡單的方法，也就是以不同的星星為點，把點連成線，以構成動物、形狀和神話人物等「圖像」的基本線條。黃道帶的符號就是星座，或稱為星群：如金牛座、白羊座和獅子座。其他知名的星座包括

托勒密體系。

獵戶座、仙后座和大熊星座（又稱北斗七星，形狀像個勺子）。

西元 5 世紀，羅馬帝國衰落，野蠻民族從東方橫掃歐洲，長達將近千年的時間，歐洲沒有出現什麼創新，史稱中世紀，又稱為「黑暗時代」，不過用這個詞彙來描述中世紀，可能過於誇張。中世紀當然也有偉大的藝術家和科學家，只不過水準不如先前的時代。不過，在世界其他地方，科學仍然在進步。1054 年 7 月 4 日，中國天文學家發現一顆突然出現的「新」星，事實上他們觀察到的是恆星的死亡，也就是今天所說的「超新星」，或是爆炸的恆星。那顆超新星爆炸的殘骸就是今天的「蟹狀星雲」。那顆超新星的亮度甚至可以和月亮相比，甚至有好幾個星期，在白天都看得到。

一直要到西元 1400 年左右，創意和探索活動才再次在歐洲蓬勃發展，像希臘和羅馬時代那樣繁花盛開。「文藝復興」（Renaissance，法文「重生」之意）在 15 世紀的法國、義大利和德國到達巔峰，重新發現數千年前偉大文化傳統的價值。文藝復興的精神就是偉大的心靈能廣納各種主題，創意和發明至上。西元 1400 年至西元 1600 年間，在建築、雕塑和繪畫等各方面都有偉大的曠世之作，而它們都是以兩千年前希臘和羅馬時代的傑出作品做為原型。

文藝復興時期的探索和發現

義大利是文藝復興活動的大本營之一，佛羅倫斯市尤其是重鎮，米開朗基羅（1475-1564）和達文西（1452-1519）等多才多藝的人都在這裡活動。

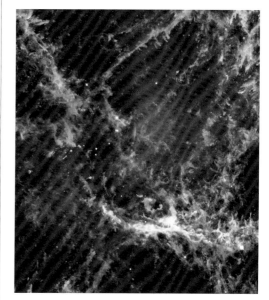

1054年的「新星」。箭頭指的地方是恆星的核心。氣雲從爆炸點漫散開展，形成蟹狀星雲。

達文西是藝術家和科學家，在他想做的各種事情上盡情揮灑他那不凡的天才。達文西在好奇心的驅使下，詳細畫出人體各個部位的器官、肌肉和骨骼。他對天文學也有興趣，想要用數學證明太陽比地球大。

文藝復興時期，相較於藝術的重生，科學觀念的重生之路更為曲折不平。這個時期有許多航海探險家，包括哥倫布、達伽馬、法蘭西斯・德瑞克爵士和亞美利哥・維斯普奇等，他們勇敢揚帆出航，探索世界。1522 年，麥哲倫的船員（因麥哲倫在旅程中途被殺身亡）環繞地球一圈，證明地球是圓的。在那之前，大家仍然相信地球是平的。在這個時期，歐洲人因為探索世界，發現了新大陸，並在遠方開發殖民地。

隨著人類認識到陸塊和水域的真實形狀，製作地圖的科學（稱為「製圖學」）也漸漸的開花結果。1540 年，德國製圖家瑟巴斯提安・繆斯特更新了托勒密的地圖，並在 1544 年出版了他的第一版《製圖學》，那是一本世界地圖，而且附有歷史事件、科學資訊、各個歐洲城市景觀，以及各地風俗和民族傳說的精美圖像（想看一下繆斯特地圖裡的插圖嗎？請看 P32、P40）。這部地圖大受歡迎，後來還再刷了好多次，並翻譯成好幾種語文。只可惜，繆斯特還來不及完成其他作品，就死於一種名叫「黑死病」的流行病。地圖和地球儀製作的另一位先鋒是傑拉杜斯・麥卡托，他的不朽貢獻是發明一種繪製世界地圖的方法，就稱做「麥卡托投影法」，能藉由投影技術，將圓形的地球繪製成平面的地圖。

在文藝復興時期，已經出現更成熟的導航工具，幫助水手找到橫跨海洋的航線。不過，遲至 1500 年代中期，人們仍然不清楚所有洲陸的正確形狀，

學文藝復興時期的文士寫信

在今日，人與人之間的聯絡比以前更容易。我們可以用手機、即時通訊（line, messenger）和電子郵件等方式，彼此互通消息。然而，這些最近的發明，特點都是快速和簡短。在看不見的網路空間裡，電子郵件只要幾秒鐘就能送達，簡訊幾個字就能快速來回。

在伽利略的時代，以及接下來的200多年間，除了用紙筆寫信，沒有其他通訊工具可以用。寫信是一種藝術。擅長寫信的人被稱為「文士」（men of letters）。精采的長信司空見慣。事實上，當時有許多知名的著作（包括伽利略的幾本書）都是以寫給熟人、科學界或宗教界的同事、贊助人等的書信形式呈現（關於「贊助人」，參閱 P52 的專文）。

鵝毛筆需要經常的蘸墨水，要是寫錯了字，在紙上塗塗改改，實在慘不忍睹。若想要筆下的文字能精準捕捉寫信者想要表達的用語和情感，下筆前就必須深思熟慮。書信要有結構，包括問候語、開場白、主體、結論和結束問候語。

伽利略寫給贊助人和朋友的信，還有他的女兒從所住的修道院寫給他的信，很多都保存到現在。這項活動就是要請你用書法筆寫一封信。

材料

◆ 書法筆
◆ 墨水（小罐）
◆ 紙巾
◆ 紙

拿筆蘸墨。寫字前，用紙巾吸去多餘的墨汁。先在草稿紙上試寫，拿捏一下寫字的手感。注意，寫字線條的粗細取決於筆尖在紙面上的角度。用舊式筆寫字，可能會弄得髒兮兮又一團亂，寫錯字難以掩飾，只能刪塗。

試寫一封信如下：

我最尊貴、智慧而忠誠的朋友：

上個月接到您的來信，很高興知道您即將出書的消息。等到新書上市，願您能贈我一冊。我想讓這裡的幾位友人拜讀您的大作。我認為，我們這群同伴一定會欣然認同您的觀念。

在此以謙卑而虔敬的心，向您獻上誠摯的關懷。

〇〇〇 敬上

也還不知道大西洋和太平洋的面積。

　　醫學上也有新發現：解剖學、生物學和化學。即使如此，1400 年代至 1500 年代期間，致命的瘟疫仍不斷在歐洲各個城市爆發大流行。

　　觀念的重生也帶來文學的重生。文藝復興時期，各種類型的寫作有如百花齊放。由於橫跨歐洲是漫長而艱辛的旅程（尤其是要跨越多山地區），文藝復興時期的科學家和偉大思想家只能透過寫信聯絡，因此書信興起而成為一門藝術，革命性的新觀念也藉此遍及整個歐洲。

文藝復興時期的天文學

　　古希臘羅馬的古典觀念在文藝復興時期重生，為世界留下美麗的藝術作品和建築物。可惜的是，在天文學這個領域，古典時期的理論剛好是應該捨棄的錯誤觀念。到了 1500 年，知識界仍然信奉亞里斯多德、托勒密和其他古科學家及哲學家的理論。16 世紀期間，在理解宇宙的真正本質方面，天文學的進展十分緩慢。有些科學家認為，天文現象的嚴謹研究極其重要，波蘭的天文學家彼得・阿皮安和哥白尼就是其中兩位。

彼得・阿皮安

　　彼得・阿皮安（1495-1552）是知名的地圖繪製師和天文學家。1531年，他仔細觀察了彗星（在宇宙裡飛行的星體，由冰和岩石所組成），也就是後來大家所知的哈雷彗星。阿皮安也分別在1532年、1533年、1538年和1539年觀測到彗星。他注意到彗星的尾巴似乎總是朝向與太陽相反的方向。1536年，阿皮安發表了相當精確的木製模型，標出天空中48個不同星座的位置。他也創造天文儀器，在1540年寫了一本書，書名是《寫給國王的天文學》。阿皮安還有其他貢獻，其中一項是找出方法，以月亮到地球的距離訂定地球的經線（航行用的虛擬南北線）。

尼古拉・哥白尼

　　哥白尼（1473-1543）是備受尊崇的波蘭修道士和科學家，他於1530年完成一本耗費20年的鉅作，《天體運行論》。這本書的主張完全與托勒密體系背道而馳。哥白尼是受過大學教育的修道士。他認為出版這本書非常冒險，因為天主教會對於地球不是宇宙中心的新奇觀念，不知會如何反應。教會的教導說，地球是創造宇宙時的中心，宇宙其他事物的運行都與地球有所牽連。哥白尼也知道，即使是馬丁・路德（1483-1546）的追隨者，也會反對

哥白尼。

他提出的新理論，儘管這群人就是因為在很多事情上與天主教會意見不同，後來才與天主教會決裂而成立路德教會。

哥白尼的學說主張地球像顆旋轉的球，由西向東每 24 小時自轉一圈（即「地動說」），這就是為什麼太陽、月球和其他行星會看似在天空裡移動。哥白尼也相信，地球和其他行星都以太陽為中心而繞行運轉（即「日心說」）。

哥白尼的朋友們，其中包括一位樞機主教和一位主教，幾乎是以懇求的態度，拜託哥白尼出版他的手稿。哥白尼終於在 1543 年點頭同意出書，並把書獻給教宗保祿三世（1468-1549），希望藉此保護自己不受任何爭議的傷害。那個時候的哥白尼年邁且重病在身，在他臨終的病榻前，有人為他送來一冊剛出版的新書。

衰老半癱的哥白尼沒能親眼看見或讀到他的書，或許反而是他的福氣。他的朋友奧西安德負責監督該書的出版，在編輯書稿時做了修改。唯一的問題是，奧西安德是個牧師，之前是天主教徒，後來改信路德教派，而他不相信哥白尼的理論是真的。他在書名頁加了「假說」一詞〔假說是純屬揣測，不過是有根據的猜測，而理論則偏向以事實觀察為根據〕。他也替換了哥白尼的自序，新的序言告訴讀者，天文學不見得能提供確定的答案。

儘管有這些重大的修改，書的主要內容並沒有更動。因此，這本書雖然看似違背《聖經》觀點，也就是地球是宇宙的中心，蒼穹恆常不動，卻完全逃過天主教會的法眼。16 世紀期間，沒有一位教宗對這本書或它的理論大驚小怪。事實上，教宗保祿三世還很喜歡這本書。反倒是馬丁·路德和一些信徒曾譴責這本書，指出哥白尼理論與《聖經》內容的矛盾之處。

教宗保祿三世。

1570 年代的天文學：新恆星出現？

除了哥白尼，16 世紀時還有其他歐洲人在天文學有新的進展，包括菲利浦·阿皮安（1531-1589）和麥可·麥斯特林（1550-1631）。菲利浦·阿皮安是麥斯特林在杜賓根大學的老師，他正是地圖製圖師彼得·阿皮安的兒子。

1572 年 11 月，一顆明亮的新星突然出現在仙后座星群。阿皮安、麥斯特林和其他天文學家都記錄了這件事。這顆星是彗星嗎？畢竟彗星是唯一已知會突然冒出來的星體。但是這顆「彗星」長得不一樣，比如說沒有尾巴。

身為路德教徒的麥斯特林知道，提出天體的新理論可能會與路德教派的觀念相衝突。但是，麥斯特林為他對行星、恆星和彗星的研究找到一個正當理由，他說，人類要研究天體確切的本質，才能更了解上帝對宇宙的設計。

麥斯特林寫道，不管天空的真相如何，都是上帝的傑作。新發現的真理最後是否和我們原先想的一樣，無關緊要。我們發現的真理，必然都是上帝的真理。準確的觀察是通往真理的唯一道路，比捍衛舊理論更重要。1573 年，他發表了《恆星的天文學闡釋》一書。他在書中寫道，天空中出現的那顆星體並不是彗星，也遙遠得不像是行星，因此它必然是一顆新恆星。根據亞里斯多德的宇宙觀，恆星所在的領域應該恆常不變。根據舊學說，天空裡不會有新的發現，也不會有新的意外或祕密。但是，現在有一顆新恆星突然出現在天空！麥斯特林在書裡寫道，亞里斯多德和托勒密錯了，因為他們的說法和他的發現相衝突。

觀測月亮 I

人類自古就開始研究月球。月球在空中的外觀變化稱為「月相」。月相會隨月球與地球的相對位置而變化，從新月（看不到月球）、弦月到半圓，再到滿月（可見到完整的月球）。這項活動是要你觀察月相兩週。文藝復興時期，科學進步的關鍵在於一個信念，那就是真理必須在觀察中尋找。不管任何主題，只有透過嚴謹的研究才能揭開事實真相。

材料

◆ 圓規　◆ 鉛筆　◆ 空白筆記本

圓規張開 5 公分，在筆記本頁面中心畫一個直徑 10 公分的圓，共畫 14 頁。在這兩週，每天日落後，帶著紙筆出門。把畫在頁面上的圓圈當成月亮，把陰影部分塗黑。觀察月亮外觀的變化。每天變化多少？你認為月相歷經一個完整的週期需要多久時間？

第谷・布拉赫

還有一個人也記錄了 1572 年的新恆星，那就是丹麥的天文學家第谷・布拉赫（1546-1601）。第谷在哥本哈根大學受教育，因為在 1560 年時看到日蝕（月亮通過太陽前方時造成的現象）而受到啟發，投身天文學的研究。1566 年 12 月，第谷在一場傍晚決鬥裡，鼻子受了傷，他用黃金複製品替補損傷部位。他沒有因此受阻，仍然在志業上繼續探索。他設計了天文儀器，包括耗費許多人力打造出一座龐大的四分儀（一種用以測量星體在天空裡高度的儀器）。

1572 年 11 月 11 日晚間，第谷剛好在研究天象，他注意到一顆他不熟悉的明亮星星。他立即到處詢問，看看是否也有人注意到那顆新星。第谷測量了那顆星星的位置、亮度和顏色，而它掛在夜空閃耀的 16 個月期間，他也持續追蹤。他注意到，星星的光芒在 1573 年初的幾個月變強，後來甚至比夜空中最亮的恆星天狼星還亮，也比木星大。他看著它從亮白色轉為黃色，接著轉為紅色、藍色，再變為蒼白，最後在 1574 年初消逝。在朋友敦促下，第谷出書發表他的發現。

我們現在知道，第谷和其他人目睹的其實是一顆超新星。超新星是罕見事件，最近一次能從地球觀測到的超新星出現在 1604 年。

第谷·布拉赫。

第谷的天文台

受到 1572 年新星的啟發，第谷在 1570 年代詳盡編列了 777 顆恆星。1570 年代中期，丹麥國王想把第谷這位偉大的天文學家留在丹麥，不讓他接受其他王國的贊助，於是給予第谷非常優渥的禮聘。丹麥國王賜給第谷一座島，承諾完全按照第谷提出的規格，出資打造一座設備完善的天文台。第谷興奮極了，耗費巨資建造了數座有著高塔的大型天文台，不惜重金打造所有當時最新科技的展示櫥窗。他把它命名為天堡。

望遠鏡尚未發明時，天文台仰賴幾種不同的儀器，它們沒有放大作用，而是為了幫助測量、製圖和描述天體。第谷為天文台所訂製的儀器（有些相當龐大而笨重）包括：

◆ 銅製六分儀（量測角度的儀器）

◆ 半六分儀

◆ 托勒密的視差尺和哥白尼的視差尺（用於確認平行，或是從不同點測量物體方位的角度差異）

◆ 銅製星象渾天儀（顯示各種天體組成的環狀儀器）

◆ 赤道儀（顯示赤道的環狀儀器）

- 幾座四分儀
- 銅製環形日晷
- 星盤（用於觀察天空的儀器）

　　第谷在這個為他量身打造的園區，投入無數個夜晚，觀察夜空。他待在天文台的期間，也教導學生天文學，並有許多偉大的發現。

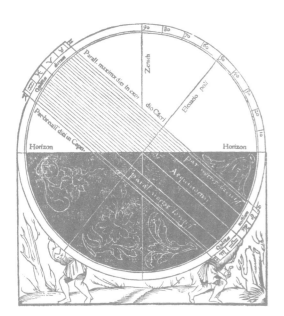

（上）星盤，取自繆斯特1568年版的《製圖學》。（右）兩副渾天儀。

1577 年的彗星

1577 年的秋冬，天空發生了另一件大事。1577 年 11 月至 1578 年 1 月間，有顆熾亮的大彗星出現在歐洲上空。它發出閃閃的光芒，有著一個明亮的頭，拖著閃閃發亮的長尾巴，讓各地的人覺得既害怕又迷惑。第谷和其他科學家仔細觀察彗星，詳細記錄。第谷認為，根據他的觀察，那顆彗星必然位於「月上區域」（意即超越月球），或是說它與地球之間的距離比月球還要遠。古希臘哲學家兼科學家亞里斯多德的舊學說卻主張，彗星處於「月下區域」（即位於月球和地球之間）。第谷和其他人（包括麥斯特林和菲力浦・阿皮安）確定，1577 年的彗星位置遙遠，不是上帝放在地球上方的物體。

這個發現再一次違背亞里斯多德的宇宙本質觀。彗星不只是大氣擾動：它們是大型物體，從距離地球很遠的地方而來，橫越天空。這些彗星似乎也穿越亞里斯多德所說的結晶層（與托勒密體系中的第九和十層相對應，請參考 P22 的圖），按照舊說，應該是不可能發生的事。顯然，月亮以外的天空並不是恆常不變，也沒有結晶層圍繞著地球轉。一如第谷和其他人證明的，宇宙充滿了無法預測、無法完全解釋的驚奇和事件，就好像彗星和超新星一樣。

其他學者也研究了彗星，但卻有不同的結論。位於德國的杜賓根大學，宗教研究領導人賈科布・希布蘭德對學生講論彗星。他認為那是上帝直接給地球子民的警告，是神聖力量的驚鴻一瞥。希布蘭德將上帝的彗星比喻為父

麥可・麥斯特林的書，主題是 1577 年的大彗星。

文藝復興時期最重要的就是知識的重生。蒐集和解讀知識是理解自然界運作的重要方式。資訊就是力量,科學家知道這句話千真萬確。達文西這位藝術家兼科學家,曾經仔細觀察解剖人體,觀看肌肉、骨骼和器官的細節。克卜勒有位教授是氣象觀察的先鋒,每天都謹慎而詳細的寫日誌,維持了許多年。在這項活動裡,你也可以效法他們。

材料:

◆ 戶外用溫度計　　◆ 鉛筆
◆ 筆記本　　　　　◆ 方格紙

把溫度計放置於戶外不要過於陰涼的地方。根據你的日程,一天中挑6個或更多時間查看溫度,例如早上7點、早上8點、下午3點、下午4點、下午5點和下午6點。一定要早上的時間和傍晚的時間都有。每天用筆記本記錄溫度,如此進行兩週,並用鉛筆在方格紙上描繪每日溫度。

資料的力量在於它能經由分析,透露更多資訊。這就是為什麼這類資料有時稱為「原始」資料。原始資料對科學家非常重要,因為它有揭露更多資訊的潛能。這也是為什麼第谷會如此詳細記錄天空觀測的結果。那麼,這些氣溫的原始資料有什麼用呢?有幾個方法可以觀察這些數字。

在這兩週期間,每天各時點的平均溫度是多少?要找出這個答案,請把所有早上7點的溫度加總,除以14(即觀測天數)。每天的溫度範圍又是多少?這時就要找出第一天的最高溫,減去同一天的最低溫;每天依此類推。另一個檢視資料的方法是觀察它的趨勢,把每天早上七點的溫度標示在方格紙上,把各點連成線。隨著時間推移,看看紀錄是否顯現出某種模式,藉以檢視趨勢。測量早上7點溫度的週數愈多,愈可能看出整體規律。

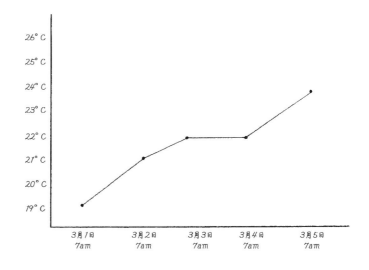

34

親在兒子面前拿出一支籐條（用以抽打的棍子或細枝）做為訊號，用意是告訴兒子，若再繼續做壞事會得到什麼懲罰。

根據希布蘭德和其他宗教領袖的說法，彗星的出現是為了讓人心生戒慎恐懼，因為它是天上來的訊息，昭告世上的罪惡不會沒有報應。那些因夜空裡的一記亮光而輾轉難安的人，在教會裡聽到這些話，只會更加恐慌。

麥斯特林繼續在杜賓根大學教授數學和天文學。值得注意的是，他是在托勒密體系之外，率先教導哥白尼理論的先驅之一。在 1580 年代，他有個學生名叫克卜勒（參閱 P59 的專文），是個前景光明的年輕人。克卜勒後來繼續深造，不但成為知名的天文學家，也是伽利略的好朋友和支持者。

在伽利略的童年，科學和天文學已經不再被視為巫術，但仍然有很長的路要走。研究彗星和其他星象的科學家，對於宇宙運行的理解，進展緩慢。他們必須仰賴肉眼的觀察，因為當時還沒有能放大天空的方法或工具。

這一切，要等伽利略靈思的星火乍現，才能燎起探索的熊熊火焰。

一幅17世紀的凹版畫，描繪人們觀看天空出現三顆彗星的景象。

Chapter 2

故事的起點

伽利略的父親文森佐‧米開朗基羅‧伽利萊（1520-1591），生在繁忙的義大利城市佛羅倫斯。他出身於一個古老的尊貴家族，有些族人曾經在文藝復興的黃金時期擔任佛羅倫斯的重要官員。他的祖先托馬索‧波那朱提曾在 1343 年入選「佛羅倫斯十二善人」（接受指派，擔任政府顧問）。這支家族後來改姓，從波那朱提改為伽利萊，以紀念托馬索的一個兒子，他的名字是伽利略。文森佐的曾伯公名叫伽利略，是知名的醫生，也是佛羅倫斯大學的醫學教授。

年輕的文森佐非常聰明，對許多事情都很有興趣。除了演奏、研究音樂是他的最愛，他也是才華洋溢的數學家和哲學家。哲學是古代的藝術，起源可追溯至數千年前的希臘人，甚至更早。哲學家喜歡思考人生問題，從不同觀點思考所有事情。對哲學家來說，辯論和邏輯是極耐人尋味的主題。

雖然擁有多樣興趣既好玩又有趣，文森佐卻不得不把對音樂和哲學的追求變成業餘嗜好，他意識到自己必須從事羊毛貿易生意，才能養家活口。

大約在 1560 年，文森佐‧伽利萊從佛羅倫斯搬到同樣在義大利境內的比薩。在比薩，他與亞曼那提（1538-1620）於 1562 年 7 月 5 日結婚。亞曼那提也是古老的望族，來自義大利的佩夏（義大利文的意思是「魚」）。他妻子的家族甚至更顯赫，地位也更高，勝過伽利萊家族曾經有的風光景況。

年輕的伽利略

1564 年 2 月 15 日，伽利略在比薩某間兩層樓房二樓的一個小房間裡誕生。他排行老大，在他之後有艾琳娜、薇吉妮亞、莉薇亞和米開朗基羅。伽利略在知名義大利畫家、雕塑家米開朗基羅過世前三天出生。1564 年 2 月 19 日，新生兒伽利略在美麗的主座教堂受洗，成為天主教徒。

義大利的那個地區，幾乎所有人都是天主教徒。馬丁‧路德的清教徒改革是反天主教運動，40 年前起於德國。這場宗教改革對伽利略所在地區的人沒有產生什麼影響，但它確實讓天主教會變得較不能容忍與自己不同的觀點。

伽利略十歲時，他父親決定舉家從比薩搬回佛羅倫斯。這時，年幼的伽利略已經展露聰慧的跡象。他會動手打造一些小儀器和小工具，他的朋友和同學覺得這些機械發明很有趣，他的父親也對此大感驚奇。伽利略也流露對事物如何運作的好奇心。他有很高的創造發明能力，如果缺少他需要的零

伽利略的族譜

托馬索・波那朱提
14 世紀；佛羅倫斯官員

喬望尼・波那朱提
14 世紀

伽利略・波那朱提
15 世紀；醫師

米開朗其羅・波那朱提
15 世紀

喬望尼・波那朱提・伽利萊
15 世紀；船長

米開朗基羅・伽利萊
1474 年生

文森佐・伽利萊 ‧‧‧‧‧ 茱莉亞・亞曼那提
1520-1591　　　　　1538-1620

莉薇亞 ‧‧‧‧‧ 塔代奧・嘉雷帝
1578- 不詳

薇吉妮亞 ‧‧‧‧‧ 貝內代托・蘭杜奇
1573- 不詳　　　　　有三個子女

伽利略・伽利萊 ‧‧‧‧‧ 瑪麗娜・崗芭
1564-1642

米開朗基羅
1575-1631
有七或八個子女

薇吉妮亞（瑪麗亞・瑟蕾絲特）
1600-1634

莉薇亞（阿坎吉拉）
1601-1659

文森齊歐 ‧‧‧‧‧ 賽絲提莉雅・波奇奈里
1606-1649

伽利略
1630

卡羅
1631

科西莫

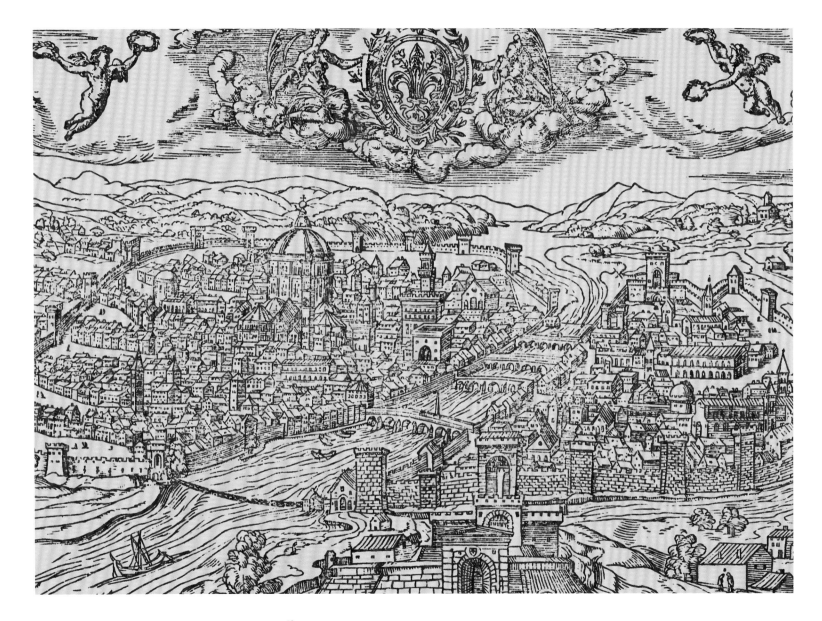

件，他就隨機應變，運用現成的其他東西。就像 100 年前的達文西，伽利略有顆機械工程師的心智，想要理解、打造機器和發明。

伽利略的父親雖然從事商業，但也會抽空寫作，並曾發表數本著作，包括最知名的《古代與現代音樂的對話》。文森佐不但富有創意，而且見多識廣，知悉古希臘羅馬文學和古希臘音樂。他的才智吸引了權貴與之親近，他也和幾位欣賞他所發表音樂理論的重要人士往來，建立交情。大約在伽利略十四歲時，他的父親應邀拜訪巴代利亞的阿爾布雷希特公爵，他住在距離佛羅倫斯 480 公里遠的德國城市慕尼黑。

文森佐也是「佛羅倫斯同好會」的成員，這是一個音樂家組織，以音樂劇的實驗，催生了歌劇的誕生。佛羅倫斯同好會在愛樂人喬望尼‧迪‧巴第伯爵的家裡聚會，伯爵也是這個社團的領導者。同好會中不乏才智出眾、位高權重之人，他們齊聚一堂，討論音樂理論和實驗。文森佐的音樂作品是由各種樂器演奏的不同音階。

文森佐是專業的魯特琴（一種弦樂器，類似現代的斑鳩琴）演奏家，在他的教導下，年幼的伽利略因而精通這項小型樂器。伽利略還會彈奏管風琴，不過他一生熱愛的還是魯特琴。伽利略對油畫及素描也展現極大的興趣及才華。義大利的文藝復興運動孕育了許多才華洋溢的畫家、雕塑家和建築師，他們的作品遍布佛羅倫斯的教堂和公共空間，啟發未來的世代。年輕的伽利略十分嚮往從事藝術工作，而他所展現出來的專業水準，後來使得他在當時的畫家界聲名大噪。

「魯特琴手」。伽利略和父親都喜歡這項樂器。
◀（對頁）1570 年的佛羅倫斯城市圖。

烹調一頓文藝復興風味餐吧！

伽利略喜歡和朋友、家人一起吃飯。他喜歡精緻的食物，也是酒的行家。文藝復興時期，歐洲人的日常餐飲與今天極為不同。我們今天所吃的食物，很多都是探險家從美洲帶回歐洲的。在伽利略的時代，還找不到以下這些食物：巧克力、咖啡、馬鈴薯、南瓜和玉米（這些全都是原來生長於新世界的植物）。

沒有冰箱，食物的保存期限就短。17 世紀早期，還沒有化學防腐劑可以維持食物的新鮮度。鹽和各種香料、香草通常用來掩蓋不新鮮肉品的味道。人們也認為，香草和香料具有醫療效果。

你可以準備一頓文藝復興風味餐以紀念伽利略。這裡的文藝復興風味菜是肉丸和豆子湯。

（本活動需大人陪同）

肉丸（4 至 6 人份）

材料及器具：

- 混合食材用的大碗
- 900 公克小牛絞肉（也可以用一般牛肉、火雞肉或雞肉）或混合絞肉
- 2、3 片培根，煎烤至酥脆後切碎
- 1 茶匙（5mL）的粗鹽（海鹽）
- 1/2 茶匙（2.5mL）切碎的茴香
- 一把切碎的巴西利
- 1 茶匙（5mL）乾燥的馬鬱蘭
- 1/2 茶匙（2.5mL）乾燥的奧勒岡
- 中大型煎鍋
- 一茶匙（5mL）的豬油或起酥油

在大碗中放入絞肉，把培根、鹽及所有香料、香草等加入混合。把調製好的絞肉做成小圓球。熱煎鍋（灑點水在鍋子裡，當水嗞嗞作響並蒸發，就表示鍋子夠熱了），加入豬油。以中火把肉丸煎至全部金黃色。切開一個確認肉有熟。

豆子湯（8 至 10 人份）

材料及器具：

- 容量約 4 公升的鍋子
- 2.3 公升的水（用高湯的話，可斟酌減量）
- 450 公克的裂莢豌豆
- 一把切碎的巴西利
- 1/2 茶匙（2.5mL）的鹽
- 黑胡椒，調味用
- 兩片培根，煎烤至酥脆後切碎（依個人喜好）
- 3 塊牛肉或蔬菜高湯塊

把所有材料放入鍋裡煮至沸騰後，先以大火滾 5 分鐘，再轉小火維持沸騰，蓋上鍋蓋，燉煮 2 小時。上桌享用！

當伽利略醉心於成為畫家的同時，文森佐卻希望兒子可以在羊毛貿易業出人頭地。但是等伽利略到了十幾歲，他的父親清楚看到這個孩子極為聰慧，且志在別的行業。文森佐知道，他必須放棄讓兒子從商的想法。儘管成為體面的商人是一條容易走的路，文森佐卻覺得，他有責任鼓勵兒子善用聰明才智。他追思功成名就的家族先人，想著伽利略是否會成為家族的下一個明星。

伽利略很早就從父親那裡學到的一件事，就是獨立檢視問題，不要把別人的話當成解答。根據文森佐所寫，「觀察不但是關鍵，也是通往真理和發現的道路。」伽利略後來將這則訓誨應用在自己的工作上。

文森佐現在指望年幼的兒子或許會習醫，有一天能夠成為醫生。他明白單靠音樂維生有多麼困難，當然不認為音樂或藝術是什麼像樣的職業。

伽利略約十五歲時，在瓦隆布羅薩的本篤會聖瑪麗亞修道院待了一段時間，向院裡的修士學習宗教和邏輯學。邏輯學自古以來就是熱門學科，能幫助年輕學生理解，如何以合理的方式處理、分析、解決問題。幾個月後，伽利略返回家裡。他父親給修士的離校理由是「眼炎」，也就是眼膜發炎。

16世紀的教室景象。

學生時代的伽利略

1581 年，十七歲半的伽利略通過學士考試，於 11 月 5 日進入比薩大學就讀。這時的伽利略已經是出色的藝術家和音樂家，通曉希臘文和拉丁文。

即使文森佐知道讓兒子上大學對家庭經濟是沉重的負擔，他仍舊認為讓兒子接受適當的教育是非常重要的。

在伽利略的時代，讀大學是最富有、最聰明的年輕男子的專利，女子沒有受教育的機會。大多時候，只有未來的傳教士和教授會就讀大學，一般男孩根本不敢夢想進大學。16世紀時，大部分年輕人長大後都成為農夫、僕人或工人，連自己的名字都不太會寫。可能有幾個幸運兒能成為鐵匠、木匠、屠夫，或甚至是商人。不管是鄉村或城市的男孩都一樣，對於大部分職業，正式教育都不是必要條件。所謂的學習，主要就是向某一行的專家拜師學藝。但是伽利略很幸運，他夠聰明，展現出潛力；他也夠幸運，出生在一個不是極度貧窮的家庭。

伽利略進入大學的首要目標就是取得碩士學位。在學醫的過程中，伽利略偶然聽到幾何學的課，深受吸引。數學的美與邏輯令他著迷。數學深深打動他的心弦，他的心智因為新的可能而點燃熱情。

原來，他偶然聽到的那堂課，教授奧斯提里歐·里奇是伽利略父親的朋友，一知道伽利略對數學有興趣，就允許伽利略修課。在這個人生階段的伽利略，對數學還不是非常精通。雖然他的父親十分了解數學法則，他並不希望兒子在學醫時分心，畢竟醫生的收入可觀。伽利略的醫學課程規定學生必須研讀希波克拉底和蓋倫這兩位古希臘醫生的著作。雖然蓋倫提倡實驗，然而一千多年來，他提出的觀念卻很少能付諸驗證。可惜的是，醫療科學從蓋倫的時代以來，就沒有長足的進步，而伽利略對醫學不是很有興趣。

但是里奇在允許伽利略進入他的課堂之前，曾私底下和伽利略的父親詳

文藝復興時代的書頁，取自希波克拉底（西元前460-370年）的醫學教科書。

談。伽利略的父親勉強同意讓伽利略追隨里奇學習。「不要告訴我兒子我同意了，」父親對老師說，「以免他認為我同意他放棄學醫。」伽利略和里奇一起探討希臘數學家歐幾里德的研究。他們研讀到第六冊時，伽利略總算告訴父親不要阻止他鑽研數學。文森佐看到兒子對數學如此強烈的熱愛，終於放棄他期許伽利略成為醫生的夢想。

一顆好奇的心靈

大學課堂裡的伽利略是非常好學的學生。從他童年開始，學習對他就是自然而然的事。教授對各種理論的講解是如此引人入勝，伽利略聽得興奮不已。伽利略的父親受過教育薰陶，也讓家裡充滿崇尚智識的氛圍。因此，等伽利略到了上大學的年齡，他的心智自然能處理大量的數學和科學資訊，也能非常迅速的根據所學提出自己的見解。

不過，伽利略這個學生從不滿足於接受事情的表象，這點讓他的老師們有點緊張不安。這個紅髮、眼神炯炯發亮的年輕人，就是要把理論拆解開來，探究它們是不是真的。他從父親那裡學到，即使是權威人士說的話，也絕對不要照單全收當成真理，對他而言，提出理論的人是誰並不重要。伽利略甚至質疑古希臘哲學家兼科學家亞里斯多德的理論。備受尊崇的亞里斯多德，他的作品是許多大學的必讀著作，目的在於要求學生學習、理解、遵循並覆誦他在物理學和其他學科的理論和觀念，而不是去推翻、粉碎它們。在

比薩大教堂的銅燈像。

伽利略往後的人生裡，對真理的追尋將帶領著他找到重大發現，但也因此讓他樹立了許多有權有勢的敵人。

1583 年的某一天，年僅十九歲的伽利略在美麗的比薩大教堂參加完彌撒。他注意到教堂圓頂美麗的銅雕燈座。有位教堂服事人員調整了一下燈，就放手隨它去。伽利略看到龐大的燈座在教堂天花板來回擺盪，有如鐘擺。伽利略往上望著，看得出神。他注意到，不管擺盪的幅度如何，來回擺盪一次所需的時間似乎都一樣。他注意到一開始的幾次擺盪不但幅度大，而且速

鐘擺運動

幾乎所有偉大的天文學家都在物理學和其他科學有所貢獻。為了精進天文學研究，他們必須理解許多科學原理，包括重力和加速度（速度的增加）。伽利略是最早實驗鐘擺性質的科學家之一。他注意到鐘擺的擺動週期（鐘擺擺動來回一次所需的時間）只和鐘擺線的長度有關，與擺錘的重量或擺動的幅度（鐘擺擺動的高度和距離）都無關。

現在，你可以親自觀察伽利略在 400 多年前第一次看到的現象。

材料：

◆ 剪刀
◆ 長細繩（至少 1 公尺長）
◆ 3 種規格的砝碼（易於繫在線上）
◆ 掛鉤、旗桿或任何鉤子，能懸掛繫著砝碼的繩子，讓砝碼和繩擺動不受阻礙
◆ 碼錶，或能顯示秒數的數位計時器

把繩子剪成三種長度，如 15 公分、30 公分和 45 公分。在繩的一端繫上砝碼，掛在鉤子上。手拿砝碼，拉直繩子，到某個高度放手；用碼錶計時，計算完整一次來回擺盪所需的時間；換幾種不同的高度試看看。接著，換另一個不同重量的砝碼，再試一次。等到三種重量的砝碼都試過，再換繩子試三種砝碼。不管擺錘重量或擺動幅度如何，只要繩子長度相同，時間應該都一樣。

度快，但隨著燈的擺盪速度慢下來，幅度也隨之變短。沒有鐘錶可以計時，伽利略就用自己的脈搏檢驗他的理論。他還發現反其道也是可行的，鐘擺的穩定擺盪是測量人體脈搏的好方法。伽利略根據這些初步觀察，後來發明了一部機器，幫助當時的醫生測量人體脈搏，那部機器就叫做「計脈器」。

伽利略不只觀察和實驗，也為觀察找出實際應用。他超越了亞里斯多德的哲學及神學討論，踏入應用科學的領域，把公式和理論應用於真實的發明，提升人類的生活，影響世界。他小時候做的那些小工具，再度幫助他理解機械學。現在的伽利略相當擅長創造複雜精巧的發明，遠遠超越了巧妙的玩具。

雖然伽利略的學業表現優異，卻必須在 1585 年完成博士學位之前離開大學，因為他的教育費已經超過他父親所能夠負擔的範圍。文森佐請求托斯卡尼大公斐迪南一世・德・梅迪奇（1549-1609）資助這名

製作計脈器

在伽利略的時代，懷錶還沒有出現。伽利略發明了計脈器，協助建立測量脈搏的標準，以比較脈搏速度正常、急促或緩慢的差異。

材料：

◆ 一段長大約 30 公分的繩子
◆ 6 顆有洞鈕釦，或類似的砝碼
◆ 90 公分或更短、直徑約 3 公分或更小的木棍（可以在五金行或手工藝品店買到）
◆ 找兩個朋友幫忙
◆ 桌子

用繩子串起砝碼或鈕釦，然後在一端打個結，防止砝碼或鈕釦掉下來。另一端打個結，穩穩的綁在木棍的一端。請一個朋友穩定的平拿木棍，大約一半的長度伸出桌緣，讓綁重物的繩子懸垂而下。請另一個朋友把砝碼拉高到幾乎與桌面平行的位置。現在，摸摸你的手腕，找到脈搏。請朋友在你說「開始」時放開砝碼，讓脈搏儀擺盪。

請朋友記錄脈搏儀的擺盪次數，同一時間你默數脈搏次數。擺盪 10 次後，朋友喊「停」。你的脈搏在計脈器擺盪 10 次之間跳動了幾次？

現在，重複一次實驗，換朋友量脈搏。請注意，放開砝碼的高度，一定要和第一次時一樣。比較一下你們三人的脈搏數，有何不同？

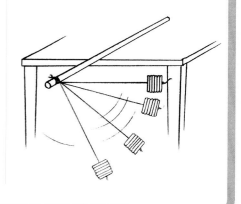

阿基米德的故事

阿基米德生於西元前287年的古希臘帝國時代。他是個多才多藝的發明家和數學家，住在西西里島一個名叫夕拉庫沙的科林斯殖民地。以下是阿基米德最著名的故事。

國王給了金匠一些金子，下旨打造一頂金冠。拿到完成的金冠時，國王心裡懷疑它不是用純金打造的，於是他去找阿基米德幫忙解答這個問題。阿基米德啞口無言，這可把他難倒了。每個人都知道純金的密度比銀高；同樣重量的銀，體積（物體占據的空間）大於等重的金。他認為，除非把金冠熔掉鑄成標準形狀，如長方體，才能測量它的長寬高，計算出體積，否則沒有準確的方法可以測量金冠的體積。

有一天，阿基米德一腳踏進剛裝滿水的浴缸，他忽然想通了，衝出浴室，大叫著：「有了！我找到了！」關於國王的問題，解決辦法很簡單，他找來與金冠等重的一塊純金和一塊純銀，然後把銀塊放入裝有水的容器裡，仔細標記水位上升的刻度，這就是銀塊的體積；接著，他把金塊放入水中，標記水位上升的刻度。最後，他把金冠放入水中，發現水位上升的刻度在金塊和銀塊之間。這表示什麼？他的結論是，既然金冠的密度不如金塊，體積又不如銀塊，它一定是由兩者混合製成的。這下子，國王有了答案：金冠不是純金打造的，它是個冒牌貨。

阿基米德在羅馬人攻陷夕拉庫沙時遭到殺害，時間約為西元前212年。阿基米德在沉思如何解答某個數學問題時，羅馬士兵向他打探消息。阿基米德請士兵不要打擾他，羅馬士兵一氣之下就殺了他。諷刺的是，當時阿基米德設計了許多新發明，幫助夕拉庫沙抵抗羅馬人的攻擊。

羅馬士兵要殺阿基米德時，他還在思考怎麼解題。

年輕的天才，從學校保留給財務困難學生的獎學金中，撥一份全額獎學金給伽利略。有些人因為這個年輕的後起之秀不斷質疑亞里斯多德的觀念而對他產生反感，大公受到這些人的影響，決定回絕這項請求。伽利略很失望，因為他很喜歡大學崇尚智識的氣氛。

但這不是伽利略高等教育的終點。1586 年，二十二歲的伽利略決定研習古希臘科學家阿基米德（參閱 P48 的專文）的著作，之後寫下他的第一本科學作品，講述一項新發明，他稱這項發明為「小天平」。伽利略在他的書裡解釋如何利用以繩圈包覆的抗力臂製作效果更好的「液體靜壓天平」。在水裡秤重時，力臂上的繩圈數能用來推算平衡砝碼的調整數。

除了密度（又稱為「比重」），阿基米德在許多年前探索的幾個主題，也引起伽利略的興趣。這名希臘數學家發明了一種「阿基米德式螺旋」抽水機，能從河裡汲水做為灌溉之用；伽利略則設計了一款用於灌溉作物的馬力抽水機。阿基米德還發明了幾種軍事武器，包括投石機和其他武器；伽利略則研究投擲物（拋丟或推進空中的物體）的運動，以及軍事防禦工事的設計。

認識比重

伽利略在比薩的早期，就一直對水的性質以及固體對它的影響感興趣。他發明了液體靜壓天平，可以測量物體在水裡和水外的重量。水在秤重物體上的運用，可以追溯到阿基米德的傳說故事。物體排掉的水量，可以用來決定它的比重或密度。等重、體積不同的物體，排水量不同。這項活動的目的，就是要讓你見證這條法則。

材料

◆ 浴缸或臉盆　◆ 水　◆ 磚塊
◆ 約 1 公升的塑膠容器或大型塑膠桶
◆ 遮蓋膠帶　◆ 杯子

將浴缸注入一半的水（注意，水面應該比你的杯子低）。把磚塊放進水裡，在水裡立好。以貼膠帶的方式，標記水位上升後的高度（以膠帶下緣為準）。現在，把磚頭移開。把空杯放進水裡立好，注意不要讓水流進容器。觀察水位上升情形。一個是非常輕的物體，一個是非常重的磚塊，比較一下兩者的排水量如何？

Chapter 3

伽利略的比薩歲月

由於不斷的學習和實驗，伽俐略「好奇科學家」之名也跟著流傳開來。他讓義大利一些頂尖數學家對他印象深刻，其中包括蒙帝巴洛喬侯爵（1545-1607），人稱「蒙帝」。侯爵是知識分子，對建築、數學和天文學很有興趣。他開始與伽利略通信（這時的伽利略只有二十歲出頭），他也讀過伽利略最早的數學和科學實驗，而且對它們興趣濃厚。侯爵請伽利略研究固體的重心。伽利略在撰寫《固體重心論》時，與當時另一位知名的數學家克拉味通信。最後，侯爵把年輕的伽利略介紹給他的兄弟蒙帝樞機主教認識，樞機主教後來也和托斯卡尼大公斐迪南一世‧德‧梅迪奇提及這位年輕科學家的事。

▓ 贊助人

贊助人是以金錢供養特定科學家、藝術家、建築師或作家的人。在文藝復興時期，贊助人通常是獨立、富有的貴族成員。

儘管贊助人能享有那些受他們資助的創作品，但他們之所以慷慨贊助，還有另一個目的，那就是提升在同儕間的名聲。作家的贊助人通常會看到他們的名字印在書的首頁；建築師的贊助人則能因宏偉的美麗建築而留名後世。年輕的天才是贊助人視如珍寶、爭相贊助的對象。沒有贊助人，就沒有文藝復興偉大的創意重現。即使是現代，不論是提供獎金和援助以栽培有潛力的天才，或是資助科學研究，贊助人仍然扮演重要角色。

伽利略本來希望能獲得提名，在比薩大學任職教授，然而，當他聽到有位之前在比薩大學講課的修士才剛重新得到任命，他覺得自己沒有希望了。伽利略想，或許佛羅倫斯會有教授職缺。在 1589 年，伽利略等了幾個月之後，大公竟然指名他任職比薩大學的數學教授，令他喜出望外。數學不是一門受人尊崇的學科，伽利略的年薪只有微薄的 60 克朗（對一位哲學教授來說，年薪 400 克朗是稀鬆平常的事），但這當然比什麼都沒有好。他當時還不知道，這是他畢生接受托斯卡尼大公家族贊助的起點，也是他與大公家族建立一輩子友誼的開端。

雖然伽利略如願以償任職教授，但是他在比薩的日子並不愉快。比薩是他的故鄉，他理應覺得自由自在，但是其他教授討厭這個不斷駁斥亞里斯多德學說的年輕後輩。對當時的教授來說，亞里斯多德的著作是廣為採用的教科書，地位有如學術界的聖經。在當時，亞里斯多德的權威無庸置疑，在許多主題都有紮實的專業見解，如數學、科學和倫理學（道德價值）。比薩的這些教授認為，伽利略當學生時叛逆是一回事，當他成為老師，對易受影響的學生傳布他的觀念，又完全是另外一回事。他在比薩唯一的朋友和盟友是哲學系主任馬左尼。身為哲學家的馬左尼，較能包容伽利略的觀念，不致嚴詞苛刻批判。事實上，馬左尼後來還長年與伽利略保持聯絡。

伽利略有個違反亞里斯多德理論的觀念，正是與物理的力學原理有關。根據亞里斯多德的學說，兩個物體在同一個高度落下，重的會先觸地。亞里斯多德還主張，物體的移動速度會與重量成比例。表面上看來，這個理論是符合邏輯的。小型鉛製物體的移動，當然會比大型鉛製物體慢。大型物體因

為笨重，所以落得比較快。這個說法因為聽起來很有道理，所以一千多年來都沒有人提出挑戰。

伽利略不願意接受「只要寫在書上的事物就是事實」這樣的觀念。由於他從小就學會自己製作小工具，實驗自然是他理解所有事物絕對真理的唯一方法。要證明亞里斯多德是錯的，唯一的辦法就是重建實驗，測試理論，而之前從來沒有人這樣做過。

根據傳言，伽利略有一天爬上著名地標比薩斜塔的頂樓（比薩斜塔在 12 世紀期間動工，於 1350 年落成，由於地質鬆軟，無法支撐建築物的重量，塔身因而傾斜了幾度）。在那裡，他公開證明，不同重量的物體，自由落地時的加速度是相同的。

伽利略在塔頂丟下的兩個物體同時落地，似乎顯示他是對的。然而，有些觀看實驗的學生、教授和其他旁觀者，不見得相信亞里斯多德的理論就此被推翻，反倒認為伽利略是麻煩製造者。

「他的實驗證明不了什麼，」不相信的人說，「亞里斯多德不可能會錯。」

「伽利略以為他是誰啊！竟敢反對大家共同認定的真理？」所有人都議論紛紛。

這項實驗讓伽利略知道有些人就是非常固執，即使真理直直盯著他們看，他們也視若無睹。即使是親眼看到的事，他們無論如何都會否認。伽利略在往後的科學研究路上，不斷遇到這樣的不信者。

比薩斜塔。

重力實驗

哥白尼、伽利略和許多在他們之後的天文學家，都對重力在地球上、在太空裡對物體的作用十分感興趣。伽利略在義大利的比薩，一項著名的研究就是證明重力對大小、重量不同的物體，作用力都是一樣的。了解重力是天文學家發現宇宙法則和星球運行的關鍵。你可以在這個實驗裡觀察伽利略提出的觀念。

材料
◆ 柳橙　◆ 硬幣　◆ 一張紙

一手拿著柳橙，一手拿著硬幣，站好，手臂向前伸直，與身體垂直。兩手同時放開，讓柳橙和硬幣落下。你可以觀察到它們同時觸及地面。不管物體的大小或重量，重力的引力作用都相同。

現在，用柳橙和紙張做同樣的測試。哪一個先著地？為什麼

這次重力對兩者的作用不同？答案是，重力的作用並沒有不同，只是還有其他事物影響了重力對紙張落地的牽引力。紙張因為又薄又輕，所以能「飄浮」片刻。現在，把紙揉成一團，再試一次。結果如何？

地球有由各種氣體組成的大氣層（也就是我們說的「空氣」），滑翔翼、降落傘和羽毛等物體因為利用空氣的特點，所以看似能違背重力法則。重力比空氣阻力小，因而得到空氣的撐托而浮起，在落地前飄來飄去。在沒有大氣層的星球（沒有氣體、沒有空氣的地方），紙張會與柳橙同時落地。

到處樹敵

在守舊派同事眼中，伽利略正走向一條不歸路。在比薩的其他教授覺得與大膽、有主見的伽利略水火不容，這個人把他們的世界掀得天翻地覆。接下來發生一件事，改變了伽利略在比薩的未來。野心勃勃的地方貴族兼建築師唐·喬望尼·德·梅迪奇發明了一部機器，拿去請教伽利略的意見。如前所述，梅迪奇是一支歷史古老、有權有勢義大利家族。這部機器是要用於清理利弗諾港底部的淤泥，讓港口更安全，更利於船隻停泊。

這位聰明的年輕科學家研究過那部機器之後，立刻就看出它的設計不夠精良，知道實地測試時勢必會失敗。對此，伽利略不知道該怎麼辦才好。他想，或許自己應該小心應對，假裝讚嘆那部機器——就算那位貴族發明家來自極有權勢的家族。最後，伽利略還是決定要誠實以對。他認為，別人應該知

道真相，於是公開批評了那部機器。但可能是伽利略的批評太過強烈，甚至接近嘲諷，總之，他評論的語調惹得喬望尼很不高興。

後來，梅迪奇實地測試機器，結果失敗了，證明伽利略所言是對的。這位貴族因此更加光火，甚至以行動表達他的憤怒。他的反應快速又果決，他誓言要把伽利略趕出托斯卡尼（比薩所在的地區）。伽利略的朋友蒙帝侯爵感受到情況變得一發不可收拾，建議伽利略辭去比薩大學的教職，至此，其他教授總算覺得稱心如意。

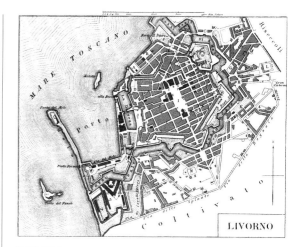

利弗諾港。

就任新職

不過，伽利略還有一絲希望。在擁護者蒙帝侯爵（他稱伽利略為「當代的阿基米德」）的幫助下，伽利略得到帕多瓦大學數學講座的職位。前任擔任者莫勒提過世後，這個職位就一直空著。伽利略申請應徵，資格通過認可。他非常感謝侯爵的幫忙。事實上，多年後侯爵過世時，侯爵的兒子曾寫信給伽利略，述說侯爵對他的鍾愛，希望伽利略能與侯爵的家族一起哀悼。

伽利略很快搬到距離比薩 210 公里遠的帕多瓦。那裡靠近威尼斯，與比薩的實際距離並不遠，但是居民的態度差了十萬八千里。他初抵帕多瓦時，受到知名學者皮奈里在家中的盛情款待。據說皮奈里家裡有超過七萬五千冊藏書。

1592 年 12 月，伽利略在帕多瓦第一次站上講台授課。新工作的薪資是 180 弗洛林（florin，當時的義大利貨幣），高於他在比薩的薪資。這份工作最

大的優點，是伽利略現在可以自由追求科學研究，不必擔心其他教授的攻擊和嘲笑。他是一位高人氣的教授，教室裡總是擠滿了學生，接受他個人指導的學生總是額滿。由於教學能夠傳授觀念，像伽利略這樣有熱誠、有主見的人，自然能從教學中得到滿足。

伽利略在帕多瓦除了教授幾何學和天文學，也有實驗、發明和寫作的時間和渴望。他的興趣廣泛，理解機械的運作原理，以及找出改善機械性能的方法，仍然令他著迷不已。1593 年，他寫了一篇關於軍事防禦工事和軍事機械的論文。他也受邀到威尼斯評估船槳要如何定位，才能創造最大效率。

1594 年，他為他所發明的抽水機取得專利；這台抽水機由一匹馬供應動力，汲水灌溉作物更容易。

伽利略有些發明在義大利和其他地方都有需要，他不可能有足夠的時間自己製作這些工具。1599 年 7 月，他雇用了一個能幹的工匠馬左勒尼，負責監督他所發明工具的標準化製造，例如比例規（或稱函數尺、象限儀）。比例規是非常受歡迎的工具，可用於測量角度，還刻有不同的數學比例。比例規的一項用途就是決定大炮的瞄準角度。

伽利略認為有必要為這副比例規出版說明書，或者使用者手冊，叫做《幾何與軍事比例規的使用》。超過 200 種儀器在伽利略的指導下製作出品。他還向德國、奧地利的王公貴族講授他的發明，其中還包括德國黑森邦的領主菲利浦。

一張17世紀初期、標有威尼斯與帕多瓦（圖右上）位置的地圖。

伽利略與但丁

除了科學，伽利略對藝術和文學的興趣也一樣濃厚。他在比薩期間，曾講授另一位佛羅倫斯名人但丁的作品。但丁於 1265 年誕生於一個古老的佛羅倫斯家族。但丁是作家，也參與佛羅倫斯的政治事務。後來他因為參與批評教宗的政治團體被驅逐離開，1321 年，他在義大利的拉芬納逝世。他在 1308 年至 1320 年間寫下偉大的史詩作品《神曲》，被公認為義大利最偉大的詩人。

《神曲》是一部史詩，分為〈地獄〉、〈煉獄〉和〈天堂〉三部曲，分別代表上帝的三位一體：聖父、聖子和聖靈。這首長詩共有 100 節（100 被認為是完美的數字），各部為 33 節，加上一節序詩。其實，整部史詩呈現的是宇宙秩序。三部都以「星星」一詞結尾，代表所有超越塵世人間的美好事物，也就是完美的秩序，以及上帝的作品。

在課堂上，伽利略嘗試根據但丁的寫作內容，繪製地獄的位置和大小。根據史詩的描述，地獄有九個同心圓，可分為三組；地獄是漏斗狀，開口朝向地心，是離上帝最遠的地方。懲罰的輕重取決於罪孽的輕重，從最輕微排到最深重。在但丁規畫的宏大格局裡，懲罰的輕重與方式，必定與罪孽相稱。肉體軟弱的過犯，輕於靈魂軟弱的罪惡，而犯下最嚴重罪孽的人，會淪落到地獄的更深處。

天堂被描述為層層上升的蒼穹宇宙。七顆行星，依序為月亮、水星、金星、太陽、火星、木星和土星，接著的是恆星天；然後是在最外圍帶動其他各層的原動天。如此總共九層（十分類似托勒密的星系）。

但丁。

「新」理論與克卜勒的友誼

雖然伽利略在 1590 年代中期已經是才智過人的數學家和科學家，但是在天文學領域還沒有重大貢獻。這時，伽利略仍然相信托勒密的行星運行學說，也就是太陽和其他行星都繞著地球轉。有一天，一名外國科學家來到義大利，講述哥白尼理論，主張地球和其他行星都繞著太陽運行。伽利略認為這是胡說八道，於是沒有參加演講。但是，由於天生有無窮的好奇心，他後來主動和一些聽了演講的人談話。許多人都說，他們覺得那些荒謬的理論很好笑，但是有一個人說，他不排除哥白尼的理論有可能才是正確的。

那一刻，伽利略的腦海中閃過一件事，他發現所有相信哥白尼理論的人，都曾經是托勒密學說的信徒，但是托勒密的信徒，沒有一個原來是相信哥白尼理論的。

伽利略如此總結他對這件事的感想，他寫道：「我開始相信，如果一個人願意承受所有學派的譴責，起而反對無數人擁護的意見，接受只有少數人抱持的意見……毫無疑問，牽引著他的，甚至成為他的鞭策力的，必然是極為有力的論點。」

伽利略對於宇宙的中心是太陽，而非地球這個想法很感興趣。不過，即使在他開始懷疑關於行星運行的古老觀念後，他在課堂裡教導的仍然是托勒密的學說。要他敞開心胸接受這個驚人的新理論，時機似乎還沒有成熟。到了 1595 年，隨著伽利略以敏銳的科學家思維深入研究這個問題，他終於確信哥白尼是正確的。

▨ 行星運行的理論

亞里斯多德和托勒密的理論認為，地球是宇宙的中心，太陽和行星都圍繞著地球運轉。

哥白尼、第谷和笛卡兒的星系論則主張，地球和其他行星都繞著太陽轉。

克卜勒

克卜勒（1571-1630）與伽利略是同時代的人。和伽利略一樣，他也是多才多藝的天才，在數學和科學等種種領域都有諸多貢獻。克卜勒和伽利略是好朋友，與彼此分享各自的發現。

克卜勒出生於德國的魏爾德爾斯塔特。他的童年過得很艱辛，曾經感染天花，還因為要替父親還清欠朋友的債務，被迫休學去工作。等到終於能夠重返學校，他憑著聰明才智，通過特殊學校的考試。他善用獎學金制度，聰明的男孩只要願意成為牧師或教師，前往需要他們的地方工作，就可以免費受教育。克卜勒進入地方修道院學校就讀，在那裡，他過著嚴格的宗教生活，學習拉丁文和希臘文。後來，他通過學士考試，並在 1288 年 9 月 15 日，獲准進入聲譽卓著的杜賓根大學。

克卜勒在杜賓根大學的學習雖然偏重宗教，但是科學觀察的傳統也對他有所幫助。偉大的麥斯特林正是克卜勒的天文學和數學教授，也是他的啟蒙導師，啟迪他對天文學的熱愛。

在杜賓根大學，克卜勒學習的是當時還沒有在義大利講授的哥白尼理論。克卜勒是個熱愛學習的學生，認真鑽研每個必修科目，包括幾何學、物理學、倫理學、寫作、辯論、希臘文和拉丁文。他在 1591 年取得碩士學位，接著又繼續在杜賓根深造了幾年。

儘管克卜勒有很多同班同學都成為牧師，他自己因為熱愛數學，不想成為牧師，於是踏入科學領域。他在 1594 年離開杜賓根，到奧地利的格拉茲擔任數學和天文學教師。1595 年他開始研究行星軌道（圍繞太陽的運行路徑），並出版他的研究發現。此外，在天文學、物理學和光學（有關鏡片和眼睛的研究）等領域，克卜勒都持續有重要進展。隨著托斯卡尼天才的傳聞開始在歐洲的科學圈流傳，他也開始與伽利略通信（伽利略比克卜勒年長七歲）。

克卜勒。

橢圓的性質

像伽利略這樣的科學家，在研究宇宙的運行、尋找真相絕對沒有一絲猶豫。即使要挑戰舊理論（亞里斯多德），甚至質疑部分的新理論（哥白尼），也在所不惜。伽利略的朋友克卜勒雖然相信哥白尼理論，但他也證明哥白尼有項主張是錯的：行星繞著太陽運行的軌道形狀不是正圓形，而是有一點扁的圓形，稱為「橢圓」。克卜勒想要解釋行星如何圍繞著太陽運行，於是用橢圓從數學和科學上解釋行星運轉所遵循的法則。

圓有一個中心點。軌道為正圓的行星，繞著一個中心點而運行。橢圓有兩個中心點，稱為「焦點」。兩個焦點如果非常接近，橢圓就會很接近正圓。焦點的距離愈遠，橢圓就愈扁長。

克卜勒的第一條行星法則是，橢圓上的任何一個點，與第一個焦點的距離（A），以及與第二個焦點的距離（B），總和為同一個數字。公式如下：

A ＋ B ＝固定數值

材料：

◆ 細繩（約 20 公分）
◆ 兩根彩色大頭針
◆ 軟木塞板（告示板）
◆ 白紙（20 公分 ×30 公分）
◆ 鉛筆（削尖） ◆ 彩色筆 ◆ 尺

細繩兩頭分別綁上大頭針，把白紙放在軟木塞板上，長邊在上，軟木塞板平放。把一根大頭針插入軟木板，位置是紙中心點左邊約 2.5 公分處。再插上另一根針，位置是紙中心點右邊約 2.5 公分處。

用筆尖勾住繩子，往紙上方拉至繩子又緊又直（筆尖在繩子下方）。現在，往右畫，線保持緊直。如果線保持緊直，只要鉛筆順勢移動，就能畫出圓弧。回到中間，往左畫。

把繩子往紙下方拉至繩子呈緊直狀（筆尖在繩子上方）。繩子保持緊直狀態下，左右移動鉛筆，完成橢圓的下半部。

移除大頭針，用彩色筆標出大頭針孔的位置，這兩點就是橢圓的焦點。在橢圓的圓周上任意找兩點，插上大頭針做為標示。分別測量兩個焦點到第一根針和第二根針的距離。兩個 A＋ B 的數值一樣嗎？應該一樣，因為你已經用繩子證明了這條法則。你用的繩子是固定長度，兩端各固定在兩個焦點後畫出這個橢圓。當你在畫橢圓時，兩個焦點到筆尖的距離會隨著筆的移動變化，但是繩子的總長度一直維持不變。

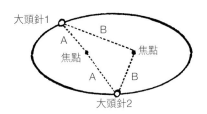

60

1597 年，德國天文學家兼科學家克卜勒已經離開杜賓根大學三年。二十六歲的克卜勒聽到關於伽利略這位義大利天才的卓越事蹟，送給他一份禮物，那就是自己的書：《宇宙初論》。這本書於 1596 年出版，全名為「宇宙初論；以五個幾何立方體探索宇宙奧秘，說明星體軌道的奇妙對稱，以及行星的數量、大小、週期的真正成因」。克卜勒在書中寫下對行星軌道的形狀和運行時間的嚴謹觀測。

　　伽利略相當喜歡這本精采的書，更讓他開心的，或許是這份禮物所代表的友誼。他在 1597 年 8 月寫給克卜勒的感謝信裡，抱怨在這個世界上，真理的追尋者愈來愈少：「在追尋真理的路上，有你這樣優秀的盟友，我覺得很快樂……追尋真理的人那麼少，實在令人惋惜……這封信不是為了哀悼這個時代的悲哀，而是要恭喜你找到確認真理的卓越發現。」

　　他向克卜勒坦承，他在數年前就採信哥白尼的觀念，也蒐集了很多反駁托勒密體系的論述，但是他害怕發表他的想法，因為這些觀念會引起爭議：「一直到現在，我都不敢發表這些觀點，因為害怕遭遇和哥白尼大師一樣的命運。雖然哥白尼贏得少數人認可的不朽名聲，卻落得許多人的斥責和嘲弄。世上愚昧之人如此之多。」

　　伽利略告訴他的新朋友，只要世界上有更多像克卜勒這樣的人，他就會考慮出書發表他的想法。克卜勒在 1597 年 10 月回信表示，不管怎樣，伽利略還是可以在德國出書，在那裡比較不會引起騷動。雖然清教徒反對哥白尼的理論，但是他們的權力沒有天主教會那麼強。在德國，統治各地的是貴族，清教徒教會沒有判決處罰的權威。然而，在天主教世界，教宗代表了至

高權威，可以與貴族權威對抗。天主教會可以逮捕任何言論冒犯天主教權威的人。

例如，16 世紀末，義大利哲學家喬大諾‧布魯諾相信宇宙是無限的，除了地球所在的太陽系，還有其他的太陽系，每個太陽系都有行星圍繞著它們的太陽運行。他也在 1584 年發表〈聖灰星期三晚餐〉，為哥白尼的理論辯護。布魯諾曾經住過英格蘭、法國和德國，最後於 1591 年在威尼斯被逮捕，送進「宗教裁判所」（參閱 P111 的專文）受審。布魯諾引起裁判所關切的，與其說是對哥白尼的信仰，更多的是因為他的神學理論中關於基督的錯誤觀

磁石實驗

1500 年代晚期至 1600 年代初期，伽利略開始對磁鐵有濃厚的興趣。當時的磁鐵是天然含鐵成分的石頭，稱為磁石。伽利略費了一番功夫，找到一塊重 1.5 公斤的磁石，把它當成禮物送給他最重要的贊助人梅迪奇。磁石是力量的象徵，因為它可以吸起比自身還重的鐵。當時的科學家自然會對磁鐵的原理和特點感到好奇，想要了解其中的奧祕。數百年後的今天，磁學已是複雜機械的重要領域。

這個活動能讓你找出磁鐵吸力有多大。

材料：
◆ 3 個以上大小不同的磁鐵
◆ 小型的精準磅秤
◆ 鉛筆　◆ 筆記本　◆ 兩盒迴紋針

磁鐵秤重後記錄重量。取出最小的磁鐵，看它能吸住多少迴紋針。等到磁鐵能吸附的迴紋針再也無法增加，把所有迴紋針取下秤重。其他磁鐵分別依此方式測試。一顆磁鐵能吸附的重量是自身的幾倍？用百分比表示，也就是把迴紋針重量除以磁鐵重量，再乘以 100。

念（他把耶穌稱為「魔術師」，而不是神）。布魯諾被囚禁了好幾年。他拒絕公開棄絕他的觀念，於是被貼上異端人士的標籤（指言論違背教會的人）。1600 年，布魯諾在羅馬被綁在柴火堆上活活燒死。雖然在國外出版的提議很吸引人，伽利略當時卻沒有發表任何論文，直到 1600 年，仍然繼續講授舊有的行星體系。

克卜勒與第谷所著《魯道夫星曆表》的書名頁，1627年。

與此同時，克卜勒也送了一本自己的書給知名天文學家第谷，第谷對克卜勒這位年輕的天才十分讚賞。幾年後，1600 年時，克卜勒去拜訪第谷，停留了幾個月，研究火星的軌道。不久之後，55 歲的第谷雇用克卜勒為正式助理，在他位於布拉格（今捷克共和國）附近的天文台工作。1610 年 10 月，第谷死後，克卜勒成為繼任者，接受皇家數學家的頭銜，接收第谷所有的研究。克卜勒有一項計畫就是完成他和第谷一同開始的著作《魯道夫星曆表》（此書名是為了向君王致敬），而這本書在數年後終於出版，書中有星表，行星、太陽和月亮的資料表，以及天文學用的數學公式。

疾病纏身與財務困境

伽利略在比薩期間，他年邁的父親文森佐在 1591 年 7 月 2 日過世了。按照傳統，身為長子的伽利略必須養家，讓家人過舒適的生活，滿足家人的需

求。他也必須負擔還沒有結婚的妹妹們的生計。妹妹薇吉妮雅在父親過世前結了婚，但伽利略要負擔她的嫁妝，也就是新娘家傳統上在舉行婚禮時要付給新郎家的禮金。當時，伽利略沒有足夠的財力付錢給妹婿。這種臉可丟不起。於是，在 1593 年，伽利略的母親寫信要他回家，把錢付給妹婿蘭杜奇。儘管婚禮已經過了好幾年，蘭杜奇仍然不肯放過伽利略，要求他履行義務。事實上，蘭杜奇等那筆嫁妝已經等到不耐煩，現在威脅要把伽利略因沒有履行義務而移送法辦。

觀測月亮 II

觀察是有益處的，因為觀察有助於你理解事物。伽利略和其他先人就認為，觀察是學習之鑰。觀察也是訓練眼力的實用練習。在這個活動裡，我們要繼續觀察月亮。

材料
◆ 圓規 ◆ 鉛筆 ◆ 剪刀
◆ 口紅膠 ◆ 錶
◆ 一張黃色卡紙（20 公分 ×30 公分）

◆ 一張白紙（30 公分 ×45 公分）
用圓規在黃色卡紙上畫出 8 個直徑 2.5 公分的圓，把圓剪下來。在天氣

晴朗的傍晚，日落後不久，走出戶外尋找月亮。面向月亮，注意附近的建築物和樹，在白紙上畫出樹、房子、路燈或其他在月亮下方的地標。用口紅膠把一張黃色圓紙片貼在月亮的位置。在圓上寫下觀察時間。回到屋裡，半小時後再出門尋找月亮的位置，按照位置貼上另一張黃色圓紙片，並寫上時間。在睡前每半個小時重複一次。

1593 年，伽利略生了一場病，使得他一生都要與其纏鬥。他睡著時吹到冷風，醒來後出現各種病癥，包括疼痛、嗜睡和沒胃口。每出現一個新症狀，他都嚴陣以待，不敢輕忽，他終其一生經常抱怨身體不舒服。雖然有些病是真的，但他也有可能患了疑病症，只要咳嗽、打噴嚏或疼痛，就讓他非常擔心。

剪不斷、理還亂的家務事

經過幾次協商，伽利略的弟弟米開朗基羅被送去遙遠的波蘭，在某位貴族的宮廷裡服務。那些貴族有足夠的財力，雇用各式各樣的人在宮廷裡工作。這些人就住在宮廷裡，有的娛樂貴族的家人，有的參與哲學討論。這些貴族就是贊助人，提供科學研究、藝術創作和其他計畫所需的資金。

伽利略原本想幫弟弟在離家較近的地方謀職，無奈找不到空缺。經過焦慮的等待，那位波蘭王子終於同意錄用米開朗基羅。他們協議好，米開朗基羅可以有兩名僕人，薪資為 300 克朗，算是相當豐厚。伽利略認為，只要弟弟能找到待遇優渥的工作，即使要因此前往異鄉，對他仍然是好事。

與此同時，伽利略妹妹莉薇雅結婚的壓力也愈來愈重。當時，女性的適婚年齡是二十幾歲，而莉薇雅已經過了這個年紀，婚事卻還沒

伽利略的金錢

想像一下，如果一個國家各地都有自己的貨幣，那會有多混亂。在伽利略的時代，義大利境內不同地區各有各的貨幣制度。當時最主要的流通貨幣是里拉〔又分為索爾地和代納爾〕、弗洛林、杜卡托（威尼斯的貨幣）、克朗和史古地（托斯卡尼的貨幣）。1606 年，伽利略寫了一本手冊，說明如何使用他的比例規，他解釋其中一個用途就是換算貨幣。根據伽利略所寫的，以下是一些貨幣的轉換值：

1 威尼斯杜卡托 =6 里拉及 4 索爾地

1 威尼斯杜卡托 =0.775 佛羅倫斯史古地

1 佛羅倫斯史古地 =1.29 威尼斯杜卡托

伽利略，大約30多歲時。

有著落。如果她不結婚，找不到人供養她，她就必須進入修道院成為修女。因為在當時的社會，未婚女性沒有立足之地。

莉薇雅不想在修道院待一輩子（她當時已經住在修道院）。為莉薇雅尋找一名與伽利略家門當戶對的夫婿，成為母親茱莉亞的重要任務。

就在米開朗基羅正要動身前往波蘭時，伽利略的母親寫信告訴伽利略，她為莉薇雅找到一門有可能談得成的親事。伽利略回信給母親，請她先不要計畫婚禮。伽利略必須先為米開朗基羅的長程旅行張羅金錢和衣物，大約要花 200 克朗，這是相當大的一筆錢。時候一到，兩兄弟彼此道別，米開朗基羅終於踏上旅途。

雖然伽利略終於卸下對弟弟的責任，卻也無力負擔妹妹的婚禮。莉薇雅急著要離開修道院，伽利略只好盡力安撫她。「告訴她，」他給母親的信中寫道，「有許多女王和偉大的女士，都是等到可以當她母親的年紀才結婚。」婚禮即使延後個幾週都好，因為伽利略當時認為，「米開朗基羅一定會送來一筆不小的錢。」米開朗基羅理應負擔莉薇雅部分的嫁妝，因為他現在有一份領薪的工作。

婚事談定後，伽利略寫信給弟弟，說他借錢為妹妹付了高達 1,800 杜卡托的嫁妝。然而伽利略等了又等，米開朗基羅卻一直沒有寄錢來。伽利略並沒有因此虧待莉薇雅。她畢竟是妹妹，雖然這筆錢讓他的財務狀況更加緊繃。

或許伽利略希望莉薇雅能給她未來的丈夫留下一個好印象。這位未來的妹婿是駐羅馬大使之子。於是，伽利略花了許多錢買金鐲子、華麗的鞋子，還有做嫁衣用的金銀絲線花邊、絲絨和面紗。結婚禮服極其重要，因為新娘

子正是藉此向所有看到她的人展示，她的娘家買得起最好的布料。

　　婚禮結束後，過了幾個月，伽利略寫信給弟弟，表示對於他的不聞不問感到很失望：「雖然你對我過去 10 個月裡寫的四封信沒有任何回音，我還是要再次提筆寫信給你……早知道事情會變成這樣，我不會讓妹妹出嫁。」

　　米開朗基羅就是不認為自己有養家的責任。幾年後，他寫信給伽利略，說他不可能償付莉薇雅婚禮所積欠的債務：

　　至於那筆還沒有付清的 1,400 克朗，我沒有能力、也永遠不會償還……你給妹妹的嫁妝……應該要在我能夠負擔的限度內……勞苦一生賺錢卻省吃儉用，只為給妹妹辦嫁妝，這是什麼想法！

　　伽利略在帕多瓦六年的教授任期滿後，又獲選任職六年。很幸運的，伽利略的朋友和支持者薩格瑞多（1571-1620）請大學的評議會為伽利略加薪。薩格瑞多是個特立獨行的人，蒐羅了許多動物，養在他位於威尼斯富麗堂皇的宅第裡。伽利略現在的薪資是 320 弗洛林，略少於薩格瑞多幫他爭取的 350 弗洛林。薪資漲幅不如預期，可能是受到伽利略的敵人的影響。有些人是嫉妒他；有些人則是不喜歡他攻擊亞里斯多德的理論；有個人甚至說，如果伽利略不滿意他在帕多瓦的薪資，大可以辭職走人。薩格瑞多意識到狀況的緊張，因此警告伽利略，有一段時間都不要想再加薪。

　　在這段期間，伽利略自己的社交生活也變得複雜。雖然他不曾結婚，卻結識了一名年輕女子，並和對方展開一段浪漫情事。居住在帕多瓦時，他經常出遊到威尼斯。在那裡，透過朋友薩格瑞多的介紹，伽利略認識一個名叫

瑪麗娜‧崗芭的年輕威尼斯女子。瑪麗娜與伽利略同居，後來懷孕了。他們的第一個孩子是女兒，生於 1600 年，取名薇吉妮亞（參閱 P93）。第二個女兒莉薇雅（可能是以伽利略的妹妹名字命名）在 1601 年出生；最後是唯一的兒子文森齊歐（參閱 P127），生於 1606 年。1610 年，伽利略離開帕多瓦時，帶著兩個女兒，把兒子留給瑪麗娜。瑪麗娜後來嫁給一個名叫巴托魯齊的男人，不過伽利略和瑪麗娜仍然保持友好的關係。

重要的學生

1601 年，伽利略收了一個非常重要的學生，成為他的數學老師。當然，在此之前，他已經教導過很多學生，是經驗豐富的教授。然而，這名學生可不是教室裡的等閒之輩，他是伽利略贊助人托斯卡尼大公斐迪南一世‧德‧梅迪奇的兒子。這個年輕男孩就是科西莫二世‧德‧梅迪奇（1590-1621），他當時大約只有十一歲。伽利略無法拒絕大公的請託，因為他知道他的贊助人已經五十二歲了，有一天這個兒子會繼承父親的家業成為大公。這是伽利略在這對父子面前營造良好印象的機會。

於是，伽利略成為男孩私人的數學家教，從基本原理教起，幫助他透澈理解講課內容。小男孩很好學，努力學習以取悅他的老師，而伽利略也把握機會稱讚他的學生。師生倆相處融洽。因為有如此緊密的互動，伽利略與科西莫二世建立了一生的友誼。

梅迪奇家族

佛羅倫斯的梅迪奇家族位高權重，銀行家、王公貴族和藝術贊助人輩出。從 1420 年代至 1737 年子嗣斷絕為止，梅迪奇家族一直是佛羅倫斯的統治者。這個家族與伽利略有長期而緊密的關係。

除了公爵和親王，梅迪奇家族也曾出過兩位法國王后。第一位是亨利二世的妻子凱瑟琳（1519-1589），曾為其子查理九世攝政；第二位是亨利四世的妻子瑪麗（1573-1642），曾擔任其子路易十二的攝政母后，路易十二的女兒後來分別成為西班牙和英格蘭的王后。梅迪奇家族裡也有樞機主教和教宗，例如教宗克勉七世（1342-1394）、教宗良十世（1475-1521；羅馬重要的藝術贊助人）和教宗良十一世（1535-1605）。

這個家族不但富裕，又相當有影響力，但卻極為親民。梅迪奇家族在 13 世紀靠著商業和銀行業崛起，有個家族成員曾經擔任佛羅倫斯的行政首長。梅迪家族的影響力隨著薩爾維斯特羅·德·梅迪奇（1331-1388）在 1382 年被流放而衰落，多年後才重建。

梅迪奇家族真正的建立者是喬望尼·迪比奇·德·梅迪奇（1360-1429）。他一手將梅迪奇打造成義大利、甚至是全歐洲最富有的家族。他在 1421 年出任行政首長，財富伴隨著權力逐漸積累。聖老科西莫（1389-1464）被認為是佛羅倫斯真正的領導

凱瑟琳·德·梅迪奇，法國王后及克麗絲緹娜·德·梅迪奇的祖母；克麗絲緹娜是伽利略的贊助人斐迪南大公的妻子。

者，死後還被人民票選為「城邦之父」。科西莫是雕刻家多那太羅和雕塑家吉伯第等偉大藝術家的贊助人；他也累積了豐富的典籍，打造歐洲規模最龐大的圖書館——羅倫佐圖書館。在他的統治下，佛羅倫斯蓬勃成長，成為歐洲的文化中心，以及新人文主義的搖籃（新人文主義是一項研究古典藝術和文明的運動）。

科西莫的孫子羅倫佐（1449-1492），人稱「偉大的羅倫佐」。他是詩人，也是米開朗基羅和波提切利等藝術家的贊助人。大家公認他是義大利最英明的文藝復興親王，在他的領導下，佛羅倫斯自我超越，達到空前的文化成就。

羅倫佐的兒子皮耶羅（1472-1503）被驅逐出佛羅倫斯，但到了 1512 年，這個家族在皮耶羅之子羅倫佐（1492-1519）手中重新掌權。自 1513 年，他在叔叔喬望尼·德·梅迪奇（即教宗良十世）的指導下，

統治佛羅倫斯。後來，連續歷經幾任無所建樹的領導者，科西莫一世（1519-1574）在 1537 年掌權。他把佛羅倫斯的領土擴張為兩倍，托斯卡尼搖身一變成為富強地區。他的眾多成就包括創建秕糠學會，目標是推廣托斯卡尼的語言，這就是現今的標準義大利語。

1569 年，科西莫被提名為托斯卡尼大公。權利中心的所在地是一幢名為烏菲茲的新行政大樓，他也在那裡打造一個小型博物館。科西莫買下彼提宮並加以擴建，做為自己的住所，並建造了一道私人通道，通往政府開會的舊宮。科西莫逝世那一年，文森

羅倫佐‧德‧梅迪奇，人稱「偉大的羅倫佐」。

佐‧伽利略舉家從比薩搬到佛羅倫斯，隨行的包括當時十歲的伽利略。

科西莫的兒子法蘭西斯一世（1541-1587）是個軟弱的領導者，他的弟弟樞機主教斐迪南（1549-1609），在 1587 年受任命為大公。斐迪南是績效較為卓著的領導者。他對科學深感興趣，在 1588 年指派伽利略出任比薩大學的數學教授。斐迪南與羅蘭家族的克麗絲緹娜（1565-1637），也就是法國王后凱瑟琳‧德‧梅迪奇的孫女成婚。克麗絲緹娜很欣賞伽利略，伽利略也會寫信給她，談論科學和《聖經》。斐迪南和克麗絲緹娜的兒子科西莫二世（1590-1621）在 1609 年繼承家業，繼任大公。1610 年，科西莫二世為以前的數學老師伽利略，在宮廷裡安排了一個職位。伽利略將《星星的使者》一書獻給科西莫和他的家族。

科西莫二世的兒子斐迪南二世（1610-1670）登大公之位時，只有十歲，事情都是由兩位女大公決定，也就是他的母親瑪麗亞‧馬達琳娜（神

教宗良十世，即喬望尼‧德‧梅迪奇。

聖羅馬帝國皇帝斐迪南二世的妹妹），和他的祖母克麗絲緹娜。1633 年，斐迪南二世無法保護伽利略免於宗教裁判所的審判及懲處。1657 年，斐迪南和他的兄弟雷歐波德建立了實驗學會，它是日後科學學會的開路前鋒。後來，托斯卡尼的經濟發展變得緩慢，在斐迪南二世、他的兒子科西莫三世（1642-1723）和他的孫子加斯東（1671-1737）的統治期間，梅迪奇家族和佛羅倫斯逐漸失勢，走向衰頹。吉安加斯東在聖十字教堂聖殿為伽利略立紀念碑，安葬他的遺體。吉安加斯東沒有後代，梅迪奇一族因而隨之滅亡。

溫度計

伽利略天生充滿好奇心，他會注意各種事物，無論再怎麼微小、再怎麼平淡無奇，他也可以觀察出心得。自然法則處處都有，在構成地球的每個固體、液體和氣體的分子裡，等待被發現。即使是喝的水、呼吸的空氣，他都能尋味無窮。

伽利略觀察到，自然擁有偉大的力量，風、閃電和狂奔的河流，都有蘊涵豐沛的力量。身為一個熱愛發明的人，伽利略想到，液體和固體的物理特性或許可以有一些實際的運用。他知道水的溫度升高到沸騰時，會不斷湧出泡泡；當溫度低到一個程度，水也會凍結成固體，也就是冰。熱對液體有一定的作用，這項特性可用於測量溫度。

約在 1602 年，伽利略發明了一種測溫器，是現代溫度計的前身。他用一種有顆圓球加上長長細頸的玻璃器皿，先用手摩擦球，使球的溫度上升，然後手握著圓球不放，從瓶口滴水進去。等到水位上升至細頸幾公分，就把握著圓球的手移開。這時細頸裡的水位會上升幾公分。等到玻璃變冷，水位就會回降。這是非常原始而粗略的發明。還要等到好多年以後，液態水銀才會用於溫度計。在那之前，陸續還有其他科學家持續改良伽利略初步的發明。

後來，伽利略發明了另一種溫度計。那是一支寬口的長玻璃管，裡頭裝著懸浮的小玻璃球，每個球裡都有不同的液體。液體的密度不同，因此懸浮的高度也不同。

71

液體的密度

水（液體）的密度大於空氣（氣體），意指如果將 1 立方公分的空氣秤重，它的重量會小於 1 立方公分的水。這就是為什麼把水倒入杯子時，水會在杯底，在空氣底下。不過，不同的液體密度也各不相同。伽利略應用於溫度計的就是這個原理。

材料：

◆ 80mL 的水　◆ 80mL 的食用油
◆ 80mL 的楓糖漿　◆ 玻璃量杯

把三種液體倒入容器裡，你覺得會發生什麼事？哪一種會在上方？把食用油倒入量杯，再把水倒進去，觀察發生了什麼事：油會往上升。現在，倒入糖漿。糖漿會在哪裡？你認為這三種液體哪一種的密度最高？

星等

數個世紀以來，天文學家觀測天空中的星星。古希臘人和後世的人為星星編目分類。根據亞里斯多德的宇宙觀，他們認為恆星永遠固定不變。但是在1572年以及1604年，「新星」卻突然出現（注：超新星爆炸），明亮到天文學家不得不開始重新省思亞里斯多德的主張。透過仔細的觀察，麥斯特林、第谷、克卜勒、伽利略和其他人證明，星星的距離不是不變的。

星等（亮度）和星星的大小及年齡都有關，也和其與地球的距離有關。有時候，看起來像一顆發光星星的，其實是火星或金星。在清朗的夜晚走出戶外，你會注意到，每顆星星的明亮程度都不同。天文學家建構了一套系統，根據每顆星星的亮度，為它們訂定星等。在這套體系裡，最亮的星星是0或-1等。不過，數值和亮度不是以相同比例增加，例如0度星的亮度是1度星的2.5倍，而0度星的亮度是5度星的100倍。1604年的新星大約是-2.5度，可以說讓天空裡所有星星都顯得黯然無光。你在天空裡能找到最亮的星星是哪一顆？你能找到多少星光微弱到幾乎看不見的星星？

1604年的新星

1572年出現新星時，伽利略還太年輕，無法進行任何科學觀測，但是等到1604年10月9日的新星出現時，毫無疑問的吸引了伽利略的注意。那顆星星出現在蛇夫座，用肉眼就可以看到。它似乎會改變顏色，可能是黃色、紅色、紫色或白色。它最初出現在夜空中時，甚至比木星還亮，後來愈來愈暗，在幾個月裡消失。

伽利略上了三堂課，與一大群學生、好奇的旁觀者討論這顆新星。課堂上人滿為患，數百名出席者把教室擠得幾乎水洩不通。伽利略只好改到戶外上課，以免聽眾在教室裡窒息。伽利略聰明科學家的名聲顯然聲名遠播。

經過一陣騷動，聽眾才全部各就各位，準備聽講。伽利略開始對聽眾解釋，由於觀看這顆星星時沒有視差現象（一種光學現象，也就是從不同的地方看同一個物體，物體的位置會有所不同），這表示這顆新天體不是一顆流星（進入地球大氣層時燃燒的石頭），而是一顆恆星，而且離地球非常遙遠。歐洲其他地方的科學家，如克卜勒，也和伽利略有一樣的結論。事實上，1604年的那顆星星被稱為「克卜勒星」。

卡普拉爭議

1607 年，伽利略在威尼斯出版一本新的小冊子，名為《伽利略答辯米蘭人士卡普拉之誹謗及虛言》。伽利略之前的一個學生宣稱自己是比例規的發明者，甚至寫了一本使用手冊《比例規的使用及構成》。事情還不只於此，卡普拉（1580-1626）還駁斥伽利略對 1604 年新星的觀察。不甘心被占便宜的伽利略為此大發雷霆。

伽利略在他的書面抗辯裡一開始寫道，他無法相信一個出身良好、以誠實道德為教誨的人，會犯下誣告抹黑這種大錯。接著，他拆穿卡普拉關於比例規的謊言，並解釋他對 1604 年新星的觀察所根據的推理。他引用 1572 年天后座出現新星時，許多觀察者所做的詳細紀錄做為佐證。這些觀察者位於不同的國家，包括麥斯特林（克卜勒的老師）、第谷、普西羅、漢澤里奧、葛瑪和其他人。伽利略解釋這些科學家的發現，並指出麥斯特林沒有發現視差現象，顯示這顆新星非常遙遠。

到了這個時候，伽利略已經很擅長於為自己辯護。隨著他的工作不斷推展，這將會是項實用技能。當他的發現愈來愈重要，其他教授因為自尊受挫而生的嫉妒也愈來愈強烈。現在，他還得對付那些將他的發明據為己有的冒牌貨。

伽利略，1600年代初期（大約四十多歲時）。

▨ 視差現象

視差是一種光學現象，也就是從不同的地方看同一個物體時，物體所在的位置會出現差異。很簡單就可以進行測試。請站在離電視螢幕約 2 公尺處，舉起一個鹽罐，放在距離臉部約 15 公分、但仍在螢幕框內的位置。閉上右眼，觀察鹽罐的位置在哪裡。閉上左眼，再看一次。鹽罐在螢幕上的位置似乎會因為用不同的眼睛觀看而位移，但是較遠的螢幕卻沒有什麼位移。科學家在觀察 1572 年和 1604 年的超新星時，也是運用同樣的原理；視差現象之所以沒有出現，是因為星星的位置非常遙遠。

Chapter 4

奇妙的望遠鏡

1609 年春天，伽利略拜訪威尼斯期間，聽聞一位荷蘭科學家漢斯·李普希的事。這位科學家是眼鏡的製作家，他注意到兩片鏡片一起使用有放大效果。1608 年，李普希製作出一項儀器，可以用來放大天空中觀測到的物體。在地面上，這項儀器可以清楚的觀看到約 3 公里遠的人。李普希把一副儀器獻給拿索（Nassau）的莫理斯伯爵。伽利略對於這個發明的構想感到驚異無比，開始思考它的製作原理。

當伽利略回到帕多瓦的家，便將所有精神投注在製作也能夠放大天空的光學儀器。他在金屬管的兩邊各放進一片鏡片，一片是凹鏡，另一片是凸鏡。從凹鏡的那頭看出去，可以看到物體放大好幾倍的影像。伽利略把他的發明（這項發明其實已具備現代雙筒望遠鏡的功能）帶去威尼斯，只要遇到有興趣的人，他就大方分享。這項發明的消息一流傳開來，大批有興趣的人士都來找伽利略，想要看一看那副望遠鏡。政治高官們，也就是參議員，爬上威尼斯教堂高聳的尖塔，用望遠鏡觀看港口，遠在許多哩外的船隻，居然都能一覽無遺。他們從來沒有看過這麼奇妙的東西。

威尼斯總督迪歐達提告訴伽利略，參議院對這項發明非常感興趣。伽利略明白總督話中的暗示，他可以把望遠鏡當成禮物獻給總督，藉此向總督示好。伽利略在一封寫給妹婿蘭杜奇的信裡提到這件事：「我明白這樣的儀器對海上及陸地戰爭大有用處，總督殿下又如此渴望擁有它，於是我在四天前告訴總督府，我願意把它當成禮物獻給總督。」

伽利略向總督獻上這個珍貴的禮物後，正要離開之時，被告知先在參議院大廳稍待片刻。沒多久，他知道他們要他晚一點再離開的原因。有位帕多瓦的官員從議場出來，到參議院大廳會見伽利略，告訴他一些好消息。參議院非常滿意這項精心打造的珍貴禮物，於是當場決定授予伽利略終身教授職，並為他加薪，從先前的 520 弗洛林，增加到 1,000 弗洛林。

威尼斯的總督府。

光圈實驗

伽利略和克卜勒都對光學有濃厚的興趣，也都曾研究光和透鏡的特質。為了製造望遠鏡，伽利略必須理解如何運用光的力量，也要懂得利用眼睛的特點。達文西和其他人已經藉由「暗箱」，展現光圈（一個小孔洞）的特質。暗箱其實是一間暗房，房間一側的牆上有個小洞。把有洞的那側朝向明亮處，明亮處的景象會透過孔洞投射到暗房另一側的牆面上。早期的天文學家觀察日蝕，就是利用這種暗箱技術投影日蝕影像，而不必直接用眼睛觀看太陽。

這個活動就是要說明如何透過光圈成像。藉由理解光學原理，你會更了解從遙遠行星和恆星投射到地球的光有何特質。

材料：

◆ 2 張白色厚卡紙
◆ 剪刀
◆ 大頭針

把紙對摺，在摺線中間切一個 0.5 公分或更小的小三角形。將紙打開，紙上會有一個方形孔洞（這就是光圈）。將一眼閉起來，用另一眼透過孔洞觀察：當你和物體的距離（如電腦螢幕）愈近，你透過方孔看到的部分就愈少，而且是方形的；另一方面，如果你觀測的物體愈遠，看到的部分就愈完整，直到距離夠遠，就可以看到完整的物體。

接著，把第 2 張紙用大頭針戳一個小洞。從這個洞看不到什麼近距離的東西，但是到了晚上，你可以透過這個針孔看到完整的月亮。雖然月亮在天空中比針孔大，你仍然可以透過小小的針孔看到完整的月亮。

這個光圈實驗證明，所有會發光或被照亮的人或物體，每個部分都會朝各個方向傳輸光線。在這個活動裡，月亮的光線向四面八方發出，包括進入紙上的針孔。只要有開口，光線就能穿透。照相機、顯微鏡和望遠鏡都能蒐集並強化光線，構成物體的清楚影像（有時是放大後的影像）。文藝復興時期科學家利用光線穿透孔洞的簡單原理，再經過改良，找出讓光線進入孔洞時變得更清楚或放大的方法。

伽利略在寫給妹婿的信中，談到他的望遠鏡在威尼斯所受到的熱烈歡迎：

許多貴族和參議員雖然年紀老邁，也趕到威尼斯最高的教堂高塔前的階梯聚集，就為了用望遠鏡觀看遠方的船帆和船隻。沒有我的望遠鏡，他們得花 2 個小時才能到港口邊，看著揚起滿帆的船駛進港口。因為有我的儀器，約 88 公里外的物體，看起來像是只有約 8 公里遠般又大又近。

當然，伽利略對此還不滿意。他想要繼續製造更多的望遠鏡，他不惜任何資金，尋求改善它們的放大能力，直到可以放大到 20 倍以上。當伽利略使用望遠鏡觀測月球，月球表面的景象栩栩如生地出現在眼前，而那些奧妙的立體細節，立刻引起他的注意——月球上有高峰，有低谷，有陰影區，也有明亮點。他於是想到，月球上是否可能有生命體存在？

有些區域看起來像海洋，但沒有水。陰影部分尤其透露著許多訊息，值得深究。伽利略研究光線打在月球的方式，以及陰影如何不平均地散布在表面，沿著月球亮面與暗面的交界線。不，月球並不像大家過去所認為是個平滑無瑕且完美的圓，相反的，月球的表面是粗糙的，布滿紋理。1611 年 6 月，耶穌會的葛林柏格神父（1561-1636）寫了一封短箋給伽利略，談到月球的山。伽利略在 9 月回覆了一封長信，說明他所用的測量方法。這項發現引起仿效者紛紛跟進，他們試圖研究月球，自己做觀察。這類主題的出版品中，有一本是 1611 年的《月球的山峰高度：一個數學問題》。然而，與此同時，「月球並非平滑的完美圓球」的主張，觸怒了亞里斯多德的追隨者。

月球表面的陰影，顯示月球表面並非一片平坦。

月球上的山有多高？

對於數學解決科學問題的能力，伽利略是堅定的信仰者。幾何角度和古代數學公式，經過特別的應用，能解答各式各樣的問題。

舉例來說，伽利略感到特別好奇的一個問題，就是如何計算月球的山峰高度。但是，我們要如何正確測量距離那麼遙遠的物體？經過深思熟慮，伽利略設計了一個相當簡單的方法。為了方便說明，他畫了一張月球的圖，用一條線將它從中分成兩個區域，右邊是亮面，左邊是暗面。分隔線為 AC，也就是圓的直徑。他在大約距離 A 點 1/20 圓周的地方畫了一座山，山的最高點標示為 F。雖然山位於月亮的暗面，陽光（EAF）還是能照到山尖。

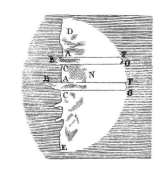

接著，他在 A 和 C 之間畫出中點 G。G 是月球的中心，AG 的距離是直徑 AC 的一半。

運用古希臘的畢氏定理可以很簡單的解答這個問題，也就是直角三角形的三邊長具有下列等式關係：

$$A^2+B^2=C^2$$

沒有望遠鏡，就不可能進行這些計算。用望遠鏡還能發現什麼？伽利略對於望遠鏡蘊藏的潛能感到非常興奮。當他用望遠鏡觀測黑夜裡的星星，他注意到，星星不同於月球的是，它們在望遠鏡裡不會變大，只會閃爍光芒。這樣的觀察結果證實星星必然非常遙遠，比其他行星都遙遠，

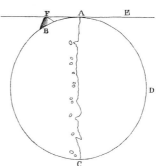
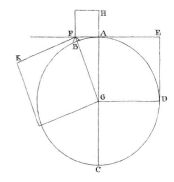

（上）月球表面的陰影。
（下）伽利略如何計算月球的山峰高度。

因為用望遠鏡看行星，行星會變大。在研究其他星體的同時，伽利略也沒有失去對月球的興趣。他持續觀察，終其一生都在研究這個在天際中離地球最近的鄰居。

同時，伽利略持續吸引了許多崇拜者慕名而來。每個人都想要得到一支「威尼斯鏡」，這是當時對望遠鏡的稱呼。不過，不是每個人都欣賞他的新發明和新發現，還是有人對伽利略的科學研究無動於衷。有些人之所以不喜歡伽利略，純粹是因為嫉妒他高人一等的才華和人氣。有些人則是認為他的教學和發現是錯的，違背《聖經》的內容。

木星的衛星

自從地球上出現第一個人類開始，每個人都知道月球（也就是地球的「衛星」）的存在，因為它很容易就能用肉眼看到。然而，在 1600 年，沒有人知道太陽系有其他衛星。伽利略透過望遠鏡的另一個重大發現，就是發現木星也有衛星。

1610 年 1 月 7 日深夜，他第一次注意到木星附近有些奇特的東西。他用望遠鏡觀測木星，發現木星附近似乎有三顆星星。那個晚上，他注意到有兩顆星在一側，一顆星在另一側。當時他沒有特別記錄它們。但是，接著在 1 月 8 日，他注意到它們都在木星的同一側，三顆星之間的距離比前一天晚上看到的更近。這三顆星既然會移動，就不可能是恆星。這代表了什麼意義？

《聖經》與地球在宇宙裡的位置

《聖經》裡並沒有「太陽繞著地球轉」的明確陳述，但有幾段經文可能可以如此解讀。在伽利略的時代，天主教會對《聖經》經文採取嚴格的字面解釋，不容許任何違反《聖經》文字的意見。為了讓歷史符合《聖經》，有位主教甚至從《聖經》的描述和年代反推，算出地球是在西元前 4004 年創造出來的。

以《聖經》這樣一部內涵豐富又深奧複雜的書，隨便就能挑出某個章節裡的幾句經文，做為某個概念的佐證。幾乎任何主題都能在《聖經》裡找到觀點：該吃什麼、女性的角色、貧富議題等等。伽利略等人的科學發現極易動輒得咎，被指控為違背《聖經》的教導。例如，《舊約聖經》第一章有經文如下：

於是神造了兩個大光，大的管晝，小的管夜，又造眾星。就把這些光擺列在天空，普照在地上，管理晝夜，分別明暗。（譯注：創世紀 1 章 16-18 節）

根據這些文字的描述，月亮、太陽和星星，都是為了地球的利益而創造，為的是照亮地球。任何表示宇宙不是繞著地球輪轉的主張，都會被斥為褻瀆神。

《聖經》裡的其他例子包括：

《約書亞記》10 章 13 節：「*於是日頭停留，月亮止住。*」

《詩篇》104 章 5 節：「*將地立在根基上，使地永不動搖。*」

《傳道書》1 章 5 節：「*日頭出來，日頭落下，急歸所出之地。*」

《申命記》4 章 19 節：「*又恐怕你向天舉目觀看，見耶和華——你的神為天下萬民所擺列的日月星，就是天上的萬象，自己便被勾引敬拜事奉它。*」

最後一段經文是警告不要敬拜、供奉日月星辰。這可能才是伽利略得罪教會的根本原因。教會不滿的，不只是他認為地球圍繞著太陽運行，也是因為他過於沉迷於宇宙的探索，如此深入而詳盡的研究天體，罔顧《聖經》和上帝的話語。伽利略惹來禍患的另一個原因，是

在威尼斯印刷的《聖經》書頁（擷取自《創世紀》），1603年出版。

他把科學和《聖經》相提並論。

最後，《約伯記》37 章 18 節：「*你豈能與神同鋪穹蒼嗎？這穹蒼堅硬，如同鑄成的鏡子。*」伽利略曾在一封1633年的信裡引用這段經文（「天空有如銅鏡般明亮堅硬」），以舉例說明，教會如何對聖經斷章取義，用看似在談「古老」理論的經文來對付他。

隔天晚上是多雲的天氣，伽利略很失望，因為他什麼都觀測不到。到了1月10日，他等到日落後再度觀測，這次只看到兩顆星，看不到第三顆。這下子，他再度陷入迷惑。

1月11日，又是只看到兩顆星，但有一顆絕對比另一顆大！1月12日，那些星又出現在不同的位置，亮度似乎也不同。伽利略覺得這實在太奇妙了。他很高興能有這項新儀器觀測天空，因為這開啟了一個前所未知的驚奇新世界。據他推測，這些不可能是恆星。它們必然是某些環繞著木星運行的次級行星，就好像地球、金星、水星、火星、木星和土星繞著太陽轉一樣。

1月13日，他初次注意到木星附近有第四顆星。照理說，伽利略大可以在這個時候結束研究，但他是個追根究柢的人，他覺得這個主題值得做完整的研究。伽利略在密切關注這些驚奇現象長達兩個月後，到了3月22日他終於有了結論，並立刻開始寫書，記錄他的發現。這是一項耗費心力的大工程，因為只能在晚上進行。想也知道，他那段期間睡得不多。

伽利略把木星的衛行取名為「梅迪奇之星」，以向托斯卡尼大公科西莫二世致敬〔在今日，這四顆衛星被稱為伊奧、歐羅巴、甘尼米德德和卡利斯多〕。伽利略急切的想將他的發現公諸於世，於1610年出版了《星星的使者》，並將這本書題獻給大公。這本書總結了伽利略對木星衛星的觀察，一出版就暢銷，在德國和法國都立刻再版。

即使親眼看到木星的衛星，有人還是不明就裡。有個懷疑者甚至認為伽利略的望遠鏡會像魔術一樣，變出根本不存在的東西。這些傳言挑起了伽利略的怒氣和幽默感，他如此回應，如果有任何人能製造這樣的神奇儀器，他

必有重賞。這樣的發現顯示，天空裡有還有其他星體，幾乎確定並不是繞著地球轉，而是繞著別的星球轉！不管喜不喜歡，這本書都引起相當的轟動，讓伽利略聲名大噪。

1610 年 8 月，伽利略在給朋友克卜勒的一封信裡寫道：

你是完全支持我論點的第一人，也是唯一一人，即使我有的僅是初步探索的結果。由此可見，你是一個心智多麼開闊、天賦多麼高的人……我的朋友克卜勒，我想，對於那一大群否認木星有衛星的人，即使是大人物，我們終將可以嘲笑他們的愚昧，至於那些微不足道的小人物就甭提了，他們對真理的抗拒終究是一場徒勞……對於在此處學院裡位居領導地位的哲學家，還有什麼好說的呢？我主動向他們提出我的發現不下一千次，但他們卻像飽腹的蛇般懶惰固執，從來不願好好看一下行星、月球，也不肯看一下望遠鏡。沒錯，就像蛇關閉著耳朵，這些人在真理的光面前，也緊閉著雙眼。

木星和它的四個「伽利略」衛星。

遺憾的是，不是每個人都有開放的心胸。克卜勒有個名叫霍基的學生，寫了一本書反對木星有衛星。他宣稱對於這些「星球」，沒有合乎邏輯的解釋，因此伽利略看到的其實是不曾存在的東西。霍基說，伽利略不過是個想要成名、致富、譁眾取寵的傢伙。此書出版後，霍基被憤怒的克卜勒嚴厲譴責。在克卜勒的特別請求下，伽利略並沒有回應霍基的謬論。克卜勒請伽利略保持沉默，因為這件事不值他一顧，回應反而有損他的尊嚴。反倒是伽利略之前的學生，一個名叫約翰・衛德博恩的蘇格蘭人，寫了《四大

問題：關於霍基對四個新行星所提出的反論》一書，回應這件事。

新「行星」的發現，顛覆了人們認為宇宙是完美不變動的舊時代哲學。天文學家西齊發表了一篇論文，反駁伽利略的新發現，其中有個反對的原因是，「7」是自然的完美數字，如人頭部有 7 孔（眼、鼻、耳和嘴等七竅），一週有 7 天，7 種金屬，還有 7 個星球（地球、月球、水星、金星、火星、木星和土星），這種完美怎麼能夠打破？根據西齊的說法，不能。因此不管如何，只要是肉眼無法看到的新天體，就無關緊要，也不存在。

幾年後，德國天文學家馬里烏斯出版了一本書，宣稱他才是最早發現木星衛星的人。伽利略知道這個人也曾和前述的卡普拉醜聞有所關聯。伽利略在多年後出版的《試金者》一書裡提到這件事：

在我的《星星的使者》出版後四年，還是有人把別人努力的心血結晶粉飾一番並據為己有，自稱是那本書裡研究成果的原作者。這個人竟敢毫不害臊的出版《木星世界》這本書，宣稱他在我之前觀察到繞著木星轉的梅迪奇星。

土星也有衛星？

1610 年 7 月，伽利略用望遠鏡觀測土星，成為第一個發現我們今天稱做「土星環」的人，不過他當時並不曉得他看到的是什麼，只是單純的以為自己看到土星的兩顆衛星。伽利略把他的發現告知贊助人科西莫的祕書文塔。他

也把這項發現的線索告訴義大利和德國頂尖的天文學家和數學家，只不過他把訊息用混人耳目的變形詞表達，必須解碼才能得到訊息（變形詞是一種把字或詞的字母順序打亂的字謎）。伽利略這麼做是為了防止別人把他的發現據為己有。數年前的卡普拉爭議，他仍然記憶猶新。他不想到時還得為自己的發現辯論。

這種困難的變形詞需要花點時間解答，伽利略就可以在正式公布他的發現之前，利用這些時間對土星做更多的研究。他發布的變形詞如下：

SMAJSMRMJLMEPOETALEVNJPVNENVGTTAVJRAS.

克卜勒很高興自己是伽利略信任的朋友圈的一員，但他覺得這個變形詞謎非常困難。克卜勒再三嘗試解謎，卻只能想出「火星有後代」；他認為，伽利略的這項發現應該和火星的衛星有關。

派駐在皇帝魯道夫二世布拉格宮廷的托斯卡尼大使朱利安・德・梅迪奇，因為皇帝的要求，向伽利略發出正式官方信函，詢問謎題的解答。伽利略覺得自己不能對這封來自權貴人士的信等閒視之，於是在 1610 年 11 月 13 日，以拉丁文寫下解答：最遠的行星有三重。他的意思是，當時所知最遠的行星土星，透過望遠鏡觀看，像是兩側各有一顆小行星隨行的大行星。克卜勒聽聞伽利略的發現，覺得很有趣，也開始渴望擁有自己的望遠鏡。

伽利略畫出他在望遠鏡裡看到的景象，一個大圓圈，兩邊各有一個小圓圈。伽利略不知道的是，他所發現的「三重」效應，其實是木星環，不管在哪一側都可以看到它環繞著土星。

▧ 變形詞

伽利略在 1610 年以變形詞發布他的兩項發現。變形詞是一種字謎，可以追溯到古代。把字或詞的字母打亂，有時會變成另外一個字詞，有時則是一串連續的字母，就像伽利略的土星訊息變形詞。試試看，你能否解開以下兩個關於伽利略和他的發現的變形詞。（提示：兩個謎都是由四個英文單字組成的，而且都有「Galileo」這個字。）

Sawagoeilgalsiune
Nduofglloeaisnmoospujreti

〔解答：1. 伽利略是天才（Galileo was a genius）；2. 伽利略發現木星的衛星（Galileo found Jupiter's moons）〕

從太空船「航海家二號」觀測到的土星環。

1610 年晚期，伽利略又有一項重大發現。他用望遠鏡觀察金星和火星，發現放大後的金星和火星，似乎也觀察得到盈虧現象，就像地球的月亮一樣。望遠鏡下的金星，形狀明顯會有不同的變化，從弦狀到半圓到滿圓。1610 年 12 月，伽利略又向一群頂尖的科學家和數學家，包括他自己的學生貝卡斯泰利（1578-1643），發布一道關於金星的變形詞謎：

Haec immature a me jam frustra leguntur o ii.

這道題把所有人都難倒了。1611 年 1 月，伽利略公布解答。這些字母在重新排列後就是：愛神的母親模仿辛西亞的月相（愛神的母親就是維納斯，和金星同名；辛西亞則是希臘神話裡的月神，是太陽神阿波羅的雙胞胎姊姊）。這項發現的重要性，天才伽利略瞭然於心。這些行星的光源來自太陽的光，因此它們必然是圍繞著太陽運行。

閃閃星空

數百年來，天文學家都採用古希臘時代希帕求斯所編定的星星目錄。更晚近時期，第谷也嘗試編製星星目錄，不過他也沒有放大儀器的輔助。

在仔細觀察天體的過程裡，伽利略用望遠鏡觀察了天空中的某些星雲（銀河或氣體構成的煙霧地帶），看到其中的星星數量，遠多於肉眼所視。獵戶座的星星多達 500 顆，而不是如原先想的寥寥數顆。他在昂宿星團發現 40

顆星星，還發現銀河有無數顆星星。每當他轉動望遠鏡，就會發現新的星星。伽利略想著，這些星星要放大才能看得到，它們到底有多遠？

根據舊學說，天空裡沒有新事物可以學習，而這些「新」星正是推翻舊學說的證據。星星目錄必須更新。在望遠鏡裡，太陽系的行星變成小小的碟盤，而不是光點，而所有肉眼能見的星星，仍然看似點點亮光。伽利略想像行星必然比星星更近，宇宙也必然比之前想得更廣大。

亞里斯多德學說的支持者聽到這些發現，憤怒極了。他們不斷指責望遠鏡是騙術，卻不肯親自瞧一瞧。

伽利略在昂宿星團發現的星星，如他的《星星的使者》一書裡所示。

太陽黑子

隨著望遠鏡的發明，天文學也以不可思議的速度進展。1611 年 3 月，伽利略已經能夠用望遠鏡觀測到太陽黑子。在朋友卡斯泰利的幫助下，伽利略可以在不直視太陽的情況下，用望遠鏡放大太陽，觀測太陽的影像。他仔細觀察，注意到太陽似乎有黑點（太陽表面較暗的部分）。一開始，他以為它們是靠近太陽繞行的行星的暗面。經過更仔細的觀察，他注意到黑點的形狀並不規則，不像是行星般圓形物體所造成的影子。接著，他注意到它們其實是太陽表面自身的黑點。

LA VOYE LAICTÉE
Die Milchstraß
POLE ARCTIQUE

A Le Chartier.
B Persée. A der Furman. F die Leiritz.
C Cassiopée. B. Perseus. G der Schild.
D Cephée. C. Cassiopea. H der Adler.
E Le Cygne. D Cepheus. I Ganimedes.
 Edes Schwan. K Serpentarius.

F La Lyre.
G Le Dord.
H l'Aigle.
I Ganimede.
K Le Serpentaire

17世紀某幅雕刻作品所描繪的銀河星系圖。

第一個發現太陽黑子、找到正確解釋的人究竟是誰,仍有爭議。其實,克卜勒就曾經注意到太陽上的黑點,但他認為那是經過太陽前方的行星。如果他進一步研究,可能就會發現那不是行星。

1610年或1611年,有個名叫哈里特的英國人,差不多與伽利略同時注意到太陽黑子。哈里特第一次注意到太陽黑子似乎是在1610年12月,但一直到1611年之前都沒有真正去研究它。另外一名天文學家,德國茵果市大學的耶穌會教授施艾那神父(1573-1650),宣稱自己是發現太陽黑子的第一人。他相信那是行星或其他星體在太陽表面形成的陰影。耶穌會是宗教信仰的保守派,施艾那決意在不推翻太陽的完美和恆常的前提下,找出太陽黑子的解釋。施艾那相信,太陽必然完美無瑕。

施艾那的理論以寫給贊助人威爾瑟的三封信件內容出版,書名為《太陽黑子三書信》,於1611年發行。施艾那以化名「藏身畫後的阿佩萊斯」出書。他在第一封信的開頭寫道:「我所觀察到、將在此宣布的太陽現象,不但前所未見,幾乎是不可思議。」

威爾瑟向伽利略請教意見。伽利略讀了書信內容,回信給威爾瑟,駁斥書信的主張。那些黑點幾乎可以確定不是影子,而是實際上在太陽表面的東西。伽利略在研究太陽黑子的某段期間,每天都會追蹤它們,畫下它們的位置。那些黑點的大小和形狀會改變,在太陽表面的位置也會移動。它們似乎會消褪或消失,有時候是幾天,有時候是幾週。伽利略把他對施艾那書信的回應發表出書,即《太陽黑子及其特質的歷史和證明》,1613年由山貓學會印行出版。

伽利略的回答激怒了施艾那，伽利略不斷加長的敵人名單上又多了一個名字。雖然施艾那在多年後改變想法，同意伽利略對太陽黑子真正本質的理論，他仍然不喜歡伽利略。

觀測太陽黑子的科學家，各有不同的觀察方法。卡斯泰利協助伽利略太陽的投射影像做觀測，不需要直視太陽。墨綠或深藍色鏡片可以將太陽亮光的有害程度降到最低。在將近日落時分或當太陽有薄雲或霧遮擋時觀察，也更安全。

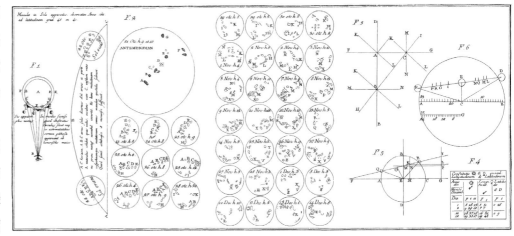

1611年施艾那觀測太陽黑子的筆記。

回到托斯卡尼

多年前，儘管伽利略迫於壓力辭去比薩大學的工作，但他仍然渴望回到比薩所在的托斯卡尼地區。托斯卡尼是他的家鄉，就是和帕多瓦和威尼斯非常不一樣。伽利略還在帕多瓦時，就一直和佛羅倫斯大公家族保持聯絡。1609 年，伽利略的贊助人斐迪南一世逝世，同年 2 月 7 日，其年僅十九歲的兒子科西莫二世繼任。伽利略寫了一封信給一個名叫維斯普契歐的佛羅倫斯人：

不管是多麼顯耀、慷慨的共和國，都不可能給一個人充裕的資金，卻不要求任何附帶的義務。要取之於大眾，就必須為大眾工作……簡單來說，我不可能得到我需要的安適，除非是為至尊的王公服務……我每天都有新發現，如果我能有更多餘裕，能夠雇用更多工作者，我就能做更多的實驗和發明……以招收學生、私人教學的收入，支應住所花費，對我的幫助最大，這也是我最希望的。

投射陰影

一開始，伽利略曾相信太陽黑子是行星造成的陰影，而後，他注意到黑點是不規則形狀。這個活動就是要讓你觀察圓形物體可能造成哪些形狀的影子，並比較這些影子和 P89 插圖所繪的太陽黑子形狀。

材料：
◆ 橘子（盡量挑圓一點的）
◆ 毛線棒針（至少 20 公分長）
◆ 珍珠板（約 75×100 公分）

◆ 手電筒 ◆ 捲尺
◆ 黑色奇異筆，或不掉色的筆（請小心使用）
◆ 兩個朋友

在橘子上戳一個洞，插入棒針，橘子要能固定在棒針的一端不會掉落，手持棒針的另一端。珍珠板靠牆放置，盡量與牆平行。請一位朋友蹲下，手持插著橘子的棒針，手臂前伸至珍珠板前方。你在橘子前方約 60

公分處蹲下。在與橘子同樣的高度，用手電筒照射橘子。請第二位朋友描出影子的輪廓並著色。

現在，請第一位朋友稍微移動他的手臂，至珍珠板的空白處。改變手電筒的角度，請第二位朋友再次畫出影子的輪廓。用不同的角度和距離嘗試幾次。將你觀察到的影子，和 P89 的插圖做比較。太陽黑子有可能是行星在太陽表面造成的影子嗎？

伽利略不希望維斯普契歐把這封信給任何人看，除了一位他信任的朋友（也是科西莫二世的家教），皮科羅米尼（1586-1619）。

這位年輕的大公認為，若能邀請伽利略回到托斯卡尼，再度定居家鄉，是一種榮耀。於是大公主動和伽利略商量。伽利略覺得這個提議很有吸引力。雖然他在帕多瓦擔任教授相當開心，但教學和指導學生占用太多時間，會打斷他的實驗和寫作。伽利略認為，只要能讓他擁有時間和自由，能隨心所欲的寫作和出書，做什麼都值得。於是，他答應把他的著作都獻給大公。

達成協議後，伽利略向帕多瓦大學遞出辭呈。失去了明星教授，大學的行政人員不太高興，但最後還是原諒他選擇回到故鄉。伽利略的新職責很少，內容是對王公子弟和其他貴族成員講課。

最重要的是，伽利略終於能夠開始研究他有興趣、但一直沒有時間探索的主題，並寫作、出書。1610 年 5 月，他在寫給大公祕書文塔的一封信裡，列出一些主題，其中包括撰寫兩本關於宇宙體系的書、三本關於機械學的書，以及關於聲音和語言、視覺和色彩以及潮汐的研究。

伽利略也對軍事策略非常感興趣。他告訴文塔他想要寫一本書，討論數學如何應用於戰事，包括建造碉堡、軍事規劃、武器和測量。他還補充他非常想重新出版一本書，也就是那本他所發明的幾何尺規的應用手冊，因為它「已無一冊尚存」。伽利略胸懷宏圖大略，希望擺脫綑綁他、快速吞蝕時間的學術枷鎖。

1610 年秋天，伽利略重返比薩，他的新頭銜是哲學家和「比薩最高首席數學家」。在比薩，伽利略與大學之間沒有正式的從屬關係，大多時候他是

伽利略的發明

伽利略設計、發明了許多裝置，其中包括：

◆ 比例規
◆ 液體靜壓天平
◆ 望遠鏡
◆ 溫度計（早期形式）
◆ 擺鐘（早期設計）

依賴贊助人的資助生活。

同一時間，伽利略遭受陣陣疾病的侵襲。他認為城市的空氣是部分致病原因，於是大部分時間都待在朋友薩爾維亞提在鄉村的別墅，直到1614年朋友去世為止。

拜訪羅馬

伽利略和他的科學發現，在知識分子圈裡引發愈來愈熱烈的騷動，1611年3月底，他決定前往大羅馬市。雖然佛羅倫斯和威尼斯是美麗的古城，然而羅馬才是文化和歷史的中心。在羅馬帝國時代，它是政治權力的中心，現在是天主教會的權力中心。羅馬帝國全盛時期，它是凱撒等傳奇人物統治全境時所坐鎮的中心城市。羅馬競技場和其他地標都是羅馬過去偉大榮光的歷史遺跡，讓羅馬名揚世界、地位備極尊崇。教宗居住的梵蒂岡，更是天主教會龐大權力的象徵。

伽利略的旅費由贊助人科西莫二世提供。在羅馬，伽利略拜訪了王公、主教、貴族和重要人士。他在各處停留居住，其中也包括梅迪奇宮和大使居所。伽利略啟程前往羅馬時，帶了他製作最精良、功能最強大的望遠鏡同行。他一抵達羅馬，就在樞機主教班迪尼的花園，把儀器架設好。班迪尼樞機主教不但是重要人士，還是樞機主教學院院長。伽利略在主教的花園裡，向一群樞機主教和宗教領袖解說新發現的太陽黑子、土星環和金星盈虧。

即使是不相信的人和嫉妒者，還是對伽利略的發現感到好奇，而伽利略也非常樂意讓他們盡情探究。只要對方願意聽，伽利略都願意提出豐富的見解、事實和觀念。面對潛在敵人時，仍然保持無所顧忌的開放心胸，這是伽利略為人處世的典型風格。他不受恐懼主宰，心裡想什麼就說什麼，面對任何質疑他的人，他都願意給予解答。

1611 年 5 月，蒙帝樞機主教寫信給科西莫二世，宣告伽利略的羅馬之行成功。他說，伽利略讓那些他拜訪的人很滿意，他自己一定也很高興能有這個機會展示他所有的偉大發現。主教寫道：「要是我們還活在古羅馬共和時代，我真心相信，神殿裡一定會立起一根圓柱紀念他。」

伽利略的女兒進入修道院

伽利略的種種重大發現中，有一項是他注意到女兒們的快速成長。1611 年，伽利略決定讓女兒申請進入修道院，在那裡度過一生。妹妹婚禮的財務負擔仍然是伽利略心頭沉重的壓力。雖然他深愛女

▧ 伽利略和山貓學會

山貓學會是一個科學團體，由四位年輕的科學家於 1603 年在羅馬成立，其中包括阿瓜斯帕達公爵之子塞西（1585-1630）。當時十八歲的塞西是學會領袖，人稱「塞西王子」。他雖然不是真正的王子，卻是山貓學會的「王子」。山貓學會有部分受到伽利略的研究和實驗所啟發。「山貓」（lincei，lynx 的義大利文）是一種像貓的動物，以感覺敏銳聞名。學會會員希望以敏銳的眼睛，專注於細節，發現世界的真實本質，以此追求自然科學。

1611 年 4 月 25 日，學會新增加了一名聲譽卓著的會員，那就是正在羅馬訪問的伽利略。到了 1625 年，學會有 32 名會員。他們的工作有一部分是負責監督會員研究成果的出版。山貓學會曾出版過兩項伽利略的研究：1612 年的《論太陽黑子》和 1623 年的《試金者》。《試金者》的書名頁對伽利略的描述為「托斯卡尼大公殿下的首席哲學家和數學家，也是山貓學會成員」。伽利略把這本書題獻給巴貝里尼。巴貝里尼於 1623 年成為教宗伍朋八世（Urban VIII），他也是山貓學會的成員。

這個學會因為塞西的早逝，加上支持伽利略的學說，因而走向終結。多年後，學會數度歷經重生、死亡及再重生的過程，後來成為今日的「山貓國家學會」，總部設在羅馬。學會的宗旨是「在兼顧文化的融合及普世性下，以至高的形式提倡、調和、整合並傳播科學知識」。

兒，卻不敢想像自己能長年照顧她們，甚至負擔她們的嫁妝。伽利略自認是善良虔誠的天主教徒，他相信天主教會會照顧他的女兒們。修女過著與世隔絕的生活，他女兒沒有合法名分的出身，也就無關緊要（根據天主教會的規定，她們不是伽利略合法的女兒，因為伽利略沒有和她們的生母結婚）；然而，如果女兒們要過著公眾生活，不但要背負不良的名譽，甚至也難以為她們找到適合的婚配。

伽利略的心願是讓兩個女兒進入同一所修道院，這項要求必須得到特別通融，因為教宗不喜歡這個主意。此外，由於修道院已經滿了，伽利略必須額外付錢才能讓她們進去。最重要的是，他的女兒年紀還不夠成為修女，法律禁止她們待在修道院。教會曾在 1545 年宣布，要進入修道院必須年滿十六歲。

雖然她們太年輕，伽利略還是得到朋友班迪尼樞機主教的特別准許。於是，1613 年 10 月，伽利略的兩個女兒進入方濟會的聖馬太修道院，位於距離佛羅倫斯不遠的阿切特里。方濟會是羅馬天主教會備受尊崇的支派，成立於 13 世紀。

隔年，1614 年，兩姊妹成為修女，年齡分別只有十三和十四歲。大女兒薇吉妮雅（1600-1634）取名瑪麗亞・瑟蕾絲特修女，小女兒莉薇雅（1601-1659）取名阿坎吉拉修女。薇吉妮雅似乎是刻意選「瑟蕾絲特」（意即天空）這個名字，以紀念她父親對天空的興趣。

伽利略的女兒在修道院的生活並不輕鬆。修女的生活不是只有休息和放鬆。她們除了禱告，還有其他工作要做。不同的日子有不同的特別彌撒或禱告會，視年節而定。雖然修道院是遠離世俗的避風港，但它自成一個世界，

有它自己的期許、規範和困難。

在修道院裡，瑪麗亞·瑟蕾絲特雖然有妹妹阿坎吉拉作伴，但她仍然想念父親。大多時候，她只能讀他寫來的信，她把這些信視如珍寶。她無法離開修道院。雖然伽利略可以自由探視她和妹妹，但伽利略只有在覺得身體狀況良好時才外出。瑪麗亞·瑟蕾絲特二十二歲時，父親伽利略已經六十歲了，健康正在逐漸走下坡。

瑪麗亞·瑟蕾絲特經常詢問父親的健康狀況，得知父親身體不適時，她總是相當難過。有一次，她寫信給父親，建議保養身體的方法：

唯一令我難過的是，你還是習慣在早晨去花園。聽到這件事，我的難過無以言喻，你可能因此染患纏疾，就像去年冬天一樣。請禱告能夠戒掉這個對你有害的習慣；就算你不顧自己，至少也為希望你長命百歲的女兒改掉這個習慣。

瑪麗亞·瑟蕾絲特和阿坎吉拉修女為父親縫補襯衫，還有其他縫紉品。伽利略也會給女兒送去一些在修道院沒有的日用品，例如伽利略院子裡的雞。瑪麗亞·瑟蕾絲特一有機會就送父親手工甜點，如蛋糕和餅乾。有一次，她送給父親綻放在十二月寒冬罕見的「冬日玫瑰」，並附上一封信，說他必須接受玫瑰就是有刺，而她把刺比喻為基督的死，把葉子比喻為死後永生的盼望。伽利略的整個晚年，女兒無數的信件，經常提醒、支持著他的天主教信仰。

這兩姊妹幾乎和她們的父親一樣體弱多病。修道院的生活條件一點也不

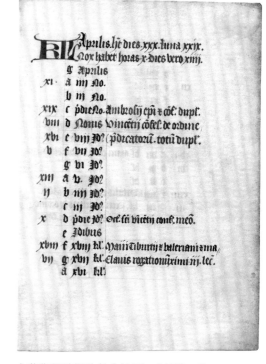

文藝復興時期的教會月曆，此頁為4月。

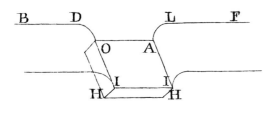

《浮體論》裡的圖示。

理想，在冬天凍得半死，寒風刺骨；夏天又悶熱得要命。在修道院，發燒和其他疾病是家常便飯。

在教會眼中，雖然伽利略是瑪麗亞·瑟蕾絲特和妹妹的父親，她們的出生卻不「合法」，因為伽利略和崗芭沒有正式結婚。兩姊妹對伽利略沒有依法要求的權利。不過，伽利略仍然把她們當女兒對待，尤其是瑪麗亞·瑟蕾絲特，他說她「天資高，有副難得的善良心腸」。

引起爭端的浮體

古希臘科學家和哲學家寫過許多主題，包括數學、物理學和天文學。在伽利略的時代，這些都在全歐洲的高等學校和大學裡講授。

在比薩大學早期，伽利略就很喜歡檢視舊教科書、測試教材內容。伽利略一直對水的特質、物體浮在水裡以及它的排水量很有興趣；一千年前的阿基米德就研究過這個主題。1612 年，伽利略出版了《浮體論》一書，獻給贊助人科西莫。

在《浮體論》中，伽利略推翻阿基米德和亞里斯多德一些廣為接受的理論。伽利略仔細設計實驗，發現物體為什麼會漂浮的真相，並探討物體的形狀和密度是否會有影響。他的研究充滿複雜的圖示，表達他想解釋觀念背後的數學和物理學。阿基米德認為，物體會浮在水面或沉入水中，取決於物體的形狀。伽利略則發現表面張力原理。靠近表面的水分子會往三個方向施展

壓力：下方和兩側。由於有表面張力讓密度較高的水與較輕的空氣保持相隔，水和空氣的交界處極為特別，因此適用於特殊法則。

堅持「古人一定不會錯」的那些人，發出異議的怒吼。諾左里尼以一封長數頁的信寫下他的批駁，寄給佛羅倫斯的大主教馬澤梅迪奇。伽利略讀到這封信時，直接回信給諾左里尼，為他的書《浮體論》辯護。

其他攻擊伽利略的長篇大論來自柯隆貝和格拉齊亞。這些攻擊言論不但鉅細靡遺，而且滔滔不絕，足以編集成《伽利略著作集》的第三卷。雖然伽利略知道他是對的，數學和物理等式就是明證，他仍然被別人吹毛求疵的惡意質疑給惹惱了。讀著那些攻擊他的科學研究的文字，伽利略知道，宗教不是真理之路唯一的阻礙。他體認到，人心的冥頑不靈和故步自封，不肯放棄舊時代的教導，才是嚴重的問題。

對藝術的熱愛

雖然科學和數學是伽利略最主要的關注焦點，但是在他的人生裡，對藝術的畢生熱愛也占有一席之地。他從年輕時就喜愛油畫和素描。他在筆記本裡畫下對月球表面、太陽黑子和其他事物的觀察。他和知名畫家洛多維科・奇戈里是很好的朋友。奇戈里曾為一些極為知名的專案作畫，包括羅馬教堂圓頂，以及主教宮殿的溼壁畫。

1613 年，伽利略成為設計學院會員。他著迷於一種名為「明暗對比法」

浮針實驗

伽利略在《浮體論》一書中證明，除了形狀和密度，還有其他作用力可以決定物體會浮或沉。他在一項實驗裡展現，在某些情況下，一根金屬針可以浮在水面上，不一定會如阿基米德所說的必然下沉。

材料
◆ 兩根針　◆ 面紙
◆ 洗臉盆或一碗水

取一根針，在距離水面約 2.5 公分處放手。針會如何？它會沉入水裡。接著，拿一張面紙，短邊對齊後對折，把面紙輕輕的放在水面上，並立刻把針放在飄浮的面紙上。觀察會發生什麼事。面紙會很快下沉，但是針呢？

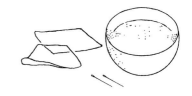

的繪畫技巧。這項技巧是由達文西所開啟。早期的畫家運用二維法作畫，畫作看起來平板又不真實，因為視野裡的所有事物都採用同樣的明度。

明暗對比畫法引入光和影的概念，創造景深，並把第三維度導入畫作。明暗對比技法幫助伽利略理解望遠鏡下的月球景象。他看到的不是二維度的表面黑點，他看到的是陰影，這表示月球表面不是平坦的，而是立體的。

畫家奇戈里似乎把伽利略的發現融入他的畫作裡。在一幅名叫「聖母升

畫筆下的光與影

伽利略證明了科學也能為藝術灌輸養分。透過他的藝術家之眼，他能夠精準判斷月球表面並非光滑無瑕。在這個活動單元，你可以用自己做的「月球表面」實際演示繪畫的明暗法。

材料：
◆ 戶外桌子　◆ 報紙
◆ 20 公分 ×30 公分的白紙
◆ 20 公分 ×35 公分的紙板
◆ 20 公分 ×30 公分的白色卡紙
◆ 油畫刀（調色刀）　◆ 黑色油彩

◆ 白色油彩　◆ 畫筆

在桌上鋪好報紙。把白紙揉成一團，放在鋪好報紙的桌面上。你的目標是畫出那團紙球，畫面看起來要有立體感。仔細觀察那團紙球。你會發現紙球表面有許多陰影，有些不但較深，輪廓也較明顯。用紙板當調色盤，白色卡紙當畫布。擠一點白色油彩到調色盤上。用畫筆沾一點白色顏料，畫出一整個紙球的形狀。等畫布

的油彩乾了之後，擠一些黑色油彩到調色盤上。首先，把一點黑色油彩加進白色油彩，調出和淺色陰影相近的灰色後，畫出較深的陰影部分。等畫布的油彩乾後，再調出另一種更深的灰色。如此反覆漸進，直到完成最深的陰影。最後呈現在畫紙上的，應該會是一顆有立體感的球，表面有各種凹凸和溝紋。

天圖」的畫作中，奇戈里在聖母瑪利亞的腳下畫了一輪月亮。他畫的那顆月亮看起來是立體的，有坑洞有凸丘，一如伽利略的描述。藝術和科學在此相遇交會。

尋找經度

自古以來，水手跟著浩浩盪盪的船隊出海，航行跨越歐洲、亞洲和非洲的貿易路線。水手因為擔心迷路，於是全程都沿著海岸線航行。到了 15 世紀，大發現之旅在大西洋和太平洋兩岸興起。即使是最偉大的探險家，也只有有限的工具幫助他們航行在廣大的海洋上。那個時代最好的發明是定緯度的儀器，用一條條與赤道平行的想像線條，找出一艘船的南北相對位置。藉由測量太陽和星星在地平線上的角度，水手可以知道他們是航向巴西或是冰島。

問題在於，他們一直找不到方法確定經度，也就是船的東西相對位置。光是知道緯度，船長還是無法確認航程還有多長。或許微弱的風或強烈的暴風雨已經讓船程落後好幾天。要是船員開始焦躁不安怎麼辦？食物補給夠嗎？他們何時能登陸？他們應該放棄，調頭返航嗎？海洋浩瀚無垠，對於尋找新世界和快捷新貿易路線的探索者，確定經線變得更加重要。

有好幾個歐洲政府懸賞，徵求能找到在海上確定經度的可靠方法的人。解決辦法或許很簡單，如果可以知道當地和出發港（如義大利的熱那亞）之間的相對時間，就可以推算經度。但這表示時鐘要能在不穩定、不防水的船

上保持準確的時間。船在離開出發港時就先設定好一個時鐘，等到船在海上，待太陽升到天空最高點的正午時分，再設定另一個時鐘。可惜，當時的鐘既笨重又不準確，當然不可能長達數週維持正確時間。而幾分鐘的差異，可能會讓經度的計算出現巨大偏差，不但沒有用，甚至會造成災難，讓船隻困在茫茫大海裡，不知何去何從。

伽利略熱愛科學，也認為科學不只是哲學問題。他從童年時期就很喜歡把觀念應用於可以幫助人類的實務發明。經度的難題對天才是極富誘惑的挑戰，懸賞更增加了難題的吸引力。

當伽利略發現木星的衛星也有月蝕現象時，從中得到靈感。整個計畫開始在他的腦海裡成形。如果他能製作一張月蝕發生的時間表，水手在海上觀察到月蝕發生時，只要參照時間表，就能找到出發港發生月蝕的時間，再藉由計算時差，航海員就能算出船所在經度。這似乎是個完美的計畫！

透過大公的轉達，伽利略連續寫了好幾封信給托斯卡尼駐西班牙大使迪艾爾齊伯爵，他想說服西班牙政府他的構想可以成功。西班牙政府不但提供能讓伽利略致富的優渥獎酬，也會頒給

一幅1600年的地圖，圖中是一艘從非洲海岸出發的船。在海上船隻還沒有辦法找出所在經度的時期，船隻會盡量依傍著海岸航行。

贏家「至高的榮譽和至高的肯定」。

其中一封信解釋道，「四海巡航要達到完美的境地，就必須找到定經度的方法。經度與緯度的交會，不只能精準確定船隻在地表上的位置，也能確定海上、島上、洲陸上的任何一個地點。」接著，信裡繼續解釋伽利略的構想，並推銷他的方法：「這套方法不但安全，而且萬無一失；它仰賴的是在此之前人類從未發現、某些漫遊星星的特殊運行。」

與西班牙政府的討論拖了好多年。雖然伽利略花很長時間思考這個問題，卻不曾想出一個妥當的方法可以讓水手觀測木星的衛星。普通的望遠鏡無法在海上對準可以找到木星衛星的那一小塊天空。伽利略向來是個「如果沒試遍所有可能就不輕言放棄」的人，於是他又想到另一個方法。他製作了一種可以貼附在帽盔上的望遠鏡模型，稱為「塞拉筒」，在利弗諾海岸的外海做測試，但沒有進一步的結果。

最後，西班牙沒有把獎頒給伽利略，而他的構想一直要在多年後才有進展。

一封引發騷動的信

早在約 25 年前，伽利略在比薩大學期間就已經樹敵，因為他大膽指出亞里斯多德科學理論的錯誤。隨著時間過去，伽利略發明了許多奇妙的儀器，觀察到許多新發現，並發表他的見解。一路下來，他的新敵人也愈來愈多。

這些敵人雖然個人有足夠的權力，能迫使伽利略在 1592 年離開比薩，卻無法阻礙他進行研究工作。伽利略仍然有許多擁護者，其中也有和他關係不錯的貴族和宗教領袖。但是，由於他不斷證明哥白尼學說才是正確的星球運行模型，他的觀念也開始引起教士的注意。

　　1613 年，伽利略的朋友卡斯泰利得到比薩大學提名為數學教授。卡斯泰利在接受這個職位時受到警告，在講課時最好不要提到任何有關哥白尼理論的事。卡斯泰利經過深思熟慮後，回答校方，他絕對不會考慮教導這種學說，而即使是他的朋友伽利略，也是這樣建議他。

　　同年 12 月，卡斯泰利寫了一封信給伽利略，描述他最近在比薩大公的宅邸參加了一場晚宴，賓客談論到新「星星」圍繞著木星運行的這項發現。其中有一位物理學教授是亞里斯多德的信徒，他承認這項新發現必然真確無誤，但是他說，即使如此，地球繞著太陽運行的理論仍然不可能是真的，因為它違反《聖經》的內容。卡斯泰利在回答時盡量保持禮貌。宴會結束，正當卡斯泰利要離開之際，有名僕人請他回到大廳。

　　科西莫二世的母親克麗絲緹娜想以《聖經》的例子反駁伽利略的發現，而她希望在她發表意見時，所有賓客都要在場。克麗絲緹娜引用看似與伽利略的發現矛盾的《聖經》經文，並問道，如果《聖經》有好幾處的說法都和伽利略的發現背道而馳，那麼，伽利略怎麼可能是對的？

　　伽利略立刻提筆回應信裡所記述的事件。經過審慎的思考，伽利略終於找到一個論述方式，說明為什麼他認為《聖經》和科學是兩回事，而且兩者並不衝突。他心裡並不反對天主教會，畢竟，他之所以把兩個女兒送進修道

院，就是因為他信任教會會妥善教育、照顧她們。伽利略認為，人們會以《聖經》批判科學真理，純粹是出於無知。他寫道：

儘管《聖經》不可能有錯，但解讀《聖經》的人可能會犯下各種錯誤；一種最嚴重而常見的錯誤，就是只以表面的字義解釋《聖經》……

《聖經》裡有許多論點，如果只以表面字義解釋，似乎都有違事實。但是，《聖經》是為了平凡百姓的需要……必須要有明智的解經者，解釋經文真正的意義。

大自然的本質無從抵擋、無法變更，它一點也不在意它的運作方式是否能為人類所了解……我們不能因為某些《聖經》內容受到曲解，出現千百種解釋，就因此懷疑親眼觀察到的自然現象……大自然受到嚴格法則的規範，但是《聖經》沒有。

兩個真理不可能相互矛盾，明智闡述者的責任就是努力找到一個平衡點，以調和《聖經》的神聖話語與從大自然而得的結論，一方面能印證人類的感知，另一方面也符合理智的論證。

我相信《聖經》是為了向世人宣揚救贖的訊息……《聖經》裡談到天文學的部分極少，甚至沒有一一指名每一顆行星。如果《聖經》的目的是為了說服大眾相信天體運行的本質，它絕對不會對此隻字未提。

伽利略認為，神學介入這類事務，就像國王指示子民如何治病或設計建築。高高在上的權力應該致力於最重要的事務，而不是處理他們一無所知的「低階」事務。

伽利略的這封信語調堅定。他似乎在信中直接譴責他的批評者，指控他們誤解了《聖經》。雖然伽利略看似是藉這封信表達他對《聖經》的信仰，卻拿「解經者和闡述者」做為批判的對象。這群人可能包括修士、主教和教宗本人。

伽利略真正要說的是，大自然絕對不會有錯，但是人可能會經常犯錯。他也表示，既然上帝創造了宇宙，宇宙就是真理。如果人類過去的想法被證明有錯，並不是冒犯上帝，這不過是讓我們更接近上帝所創造宇宙的真相。人會錯（例如亞里斯多德），但上帝不可能犯錯。伽利略相信，上帝不會為了讓凡人理解而改變祂的創造。大自然就在那裡，孕涵著所有的複雜與奧妙，也蘊藏著所有的美，不管人有沒有試著去理解它。伽利略的主張與德國天文學家麥斯特林（克卜勒的老師）在 1573 年所提出的觀念相當類似。宇宙蒼穹高高在上，伽利略對天文有新發現，並不是忤逆上帝。

伽利略甚至更進一步挑戰那些引用《聖經》反對哥白尼理論的人，反將他們一軍。伽利略信裡引用關於約書亞的《聖經》內容，經文提到上帝讓天空中的太陽停住，讓白天變長。接著，伽利略以科學理論詳細說明，如果宇宙是按照托勒密體系運行，在技術上不可能出現這種現象，但如果宇宙是以哥白尼理論運作，經文的描述反而較為合理。

卡斯泰利對這封信讚賞不已，於是抄寫了幾份分送給朋友。可想而知，這封極具啟發力的信，勢必也會流到伽利略的敵人手裡。尤其是一群聖馬可道明會的修士，讀了信之後火冒三丈。這可怎麼辦才好？在他們眼中，寫出這些東西，不折不扣是異端行為（言論或著作違逆《聖經》或教會）。道明

會神父羅里尼把一份信件複本送到羅馬教廷。信中有這麼一句，「除了宗教事務，《聖經》不應該與其他事務混為一談。」

雖然伽利略希望他的信能提供一個折衷觀點，從科學和哲學的角度，化解宗教和科學的對立，然而道明會士卻不這麼認為。伽利略不知道他的信怎麼會傳到「敵人」手中，他也認為，在傳抄的過程裡，或許抄寫信的人會不小心改變原來的遣詞用字。「這種變造，」他寫道，「可能會讓事情看起來和我的原意差距甚遠。」

1614 年耶誕節前的星期日，一個名叫卡契尼的道明會修士，在佛羅倫斯的新聖母教堂講道時，猛烈抨擊伽利略和哥白尼。他引用《聖經》《使徒行傳》的經文嘲諷伽利略：「加里利人哪！你們為什麼站著望天呢？」在《聖經》裡，這段經文是描述耶穌在傳講訊息給信徒後，加里利人望著耶穌消失在雲裡的情景。卡契尼借用《聖經》中嘲諷加里利人的這一幕，比喻伽利略和他的同路人。卡契尼也怒斥道，所有的數學家都應該被驅逐出天主教國家，因為他們是邪惡的。

教會裡議論紛紛，輿論開始轉向對伽利略不利。他多年來得罪的敵人都樂於加入反對伽利略的陣營。伽利略不甘心坐視無知愚昧人的攻擊。雖然他不是政治人物，手中沒有像主教和王公的權力，他卻是有思想的人，向來也無懼於傳講他的觀念。卡契尼與道明會的猖狂言語漸漸影響到他，他覺得他必須以真理回應。

Chapter 5

醞釀中的暴風雨

道明會的領袖路易吉・馬拉菲神父不認同卡契尼的行為，他不贊同如此惡意的抨擊。馬拉菲神父向伽利略道歉，說他但願能要求卡契尼收回他的話。1615 年 1 月 10 日，馬拉菲神父寫道：「我對於這件醜事的發生感到極度惱怒，而更令我氣惱的是，說這些話的人是我會裡的弟兄；儘管無可奈何，但會裡三、四萬名弟兄所犯下的任何惡行，我都責無旁貸。」然而風暴這時已襲捲向伽利略，來不及阻止了。

雖然有部分的抨擊是針對哥白尼，伽利略卻把全部的批評都當成是針對他個人。1615 年 2 月，他在給朋友彼得羅・迪尼的信裡談到他的感受：「這些修士只因為對我沒有好感，又知道我非常尊敬哥白尼，就給他貼上異端分子的惡名，他們如此糟蹋他的研究，還洋洋得意。」

正在做研究的哥白尼。

伽利略覺得非常諷刺，因為哥白尼死後，他的書一直平安無事，但直到70年後的現在，教會的人才開始指責哥白尼的不是。伽利略還指出，事實上，哥白尼本人在宗教上非常虔誠。他在信中向迪尼強調：「哥白尼不只是天主教徒，他還是修道士。」他也特別指出，哥白尼前往羅馬，邀請他的不是別人，正是教宗良十世本人。良十世是科學和藝術的支持者，由於哥白尼擁有「偉大天文學家」的聲譽，因而希望在他的幫助下修改教會的曆法。要是教宗強烈反對哥白尼的理論，絕不可能請哥白尼幫忙。伽利略生氣的是，他覺得卡契尼在講壇上對哥白尼的詆毀，不只是對單一個人和他的理論的抹黑，而是對數學家、甚至是數學本身的貶低。

1615 年 3 月 7 日，伽利略聽塞西提到一本很精采的書，書名是《畢達哥拉斯和哥白尼意見之書信》，作者為保羅·安東尼奧·佛斯卡里尼神父。這本書出現得正是時候，因為它為哥白尼理論辯護，指出哥白尼的學說和《聖經》並沒有衝突。然後，後來在同一個月裡，伽利略又從別的朋友那兒聽說，教會似乎把佛斯卡里尼神父的書列為禁書，因為書裡牽涉了《聖經》。

3 月 19 日，道明會修士卡契尼被召喚到羅馬，為伽利略的事作證。卡契尼剛好可以利用這個大好機會盡情傳播關於伽利略的謠言和謊言。他說，伽利略相信聖人沒有行使神蹟；對伽利略來說，這是合理的懷疑，因為伽利略是山貓學會成員。卡契尼說，曾有修士轉告他，關於伽利略的追隨者曾經說過的褻瀆言語。

1615 年 2 月 5 日，佛羅倫斯的教授兼道明會神父羅里尼，公開譴責伽利略和他的追隨者。他說：「所有聖馬可修道院的神父都認為，這封信裡有許多

段落都疑點重重、顯得專斷，因為它說《聖經》有許多段落的表達不明確……還說除了宗教事務，《聖經》不應該與其他事務混為一談。」羅里尼也宣稱，伽利略的追隨者過於自作聰明又自負自大，踐踏亞里斯多德全部的哲學。其他有關伽利略的謠言也開始流傳，例如大公現在也不認同伽利略；伽利略的罪名還不只異端一項。

樞機主教梅利尼要求看伽利略 1613 年寫給卡斯泰利的原信，因為他現在看到是抄寫本。卡斯泰利已經把信還給伽利略，於是伽利略另外抄寫一份，送去給卡斯泰利。伽利略要求卡斯泰利，不管在任何情況下，都要信不離身，絕對不可以把信交給別人。於是，卡斯泰利願意當眾高聲朗讀信件，卻拒絕呈交主教。同時，伽利略又把信抄寫了另一份送交給迪尼，要求他把信給一名叫做葛林柏格的耶穌會修士。葛林柏格是數學家，也是伽利略的好朋友和贊助人。

伽利略的朋友塞西建議他要非常小心：他聽說樞機主教貝拉爾米諾認為，哥白尼的理論是異端學說。然而，伽利略聽一個在羅馬的聯絡人說，如果他談論哥白尼的理論時不牽扯《聖經》，把《聖經》留給講道者，樞機主教蒙帝就可以接受。當然，伽利略知道，他要做的就是努力顯現他的理論沒有違背《聖經》。

他決定不閃躲，並認為自己應該前往聖都羅馬，直搗謠言和爭議的溫床。1615 年 11 月 28 日，大公科西莫二世寫了一封信向蒙帝主教解釋，伽利略「因為某些善妒之輩散布的錯誤解讀，深感委屈和不平」，因此「決意前往羅馬，一心要洗刷對他的控訴，也已徵得我的同意」。

▨ 伽利略的謙卑

雖然伽利略在捍衛自己、對抗敵人，以及宣揚科學真理時十分強硬，他對於朋友和贊助人卻極為謙卑。這是出於當時禮儀約束的行為，不得不如此。當他把研究成果獻給大公或其他貴族時，也會獻上許多讚美和榮耀。

伽利略在 1615 年給好友迪尼的信裡，就是以寫給「最卓越、尊貴、尊榮的閣下大人」為開頭的問候語，並在結尾則如此寫道：「在此，我懷抱尊敬的心情，親吻您的手。我一直是您最盡心盡力的僕人。我向上帝祈禱，請求祂賜您深深的喜樂。」

在給奧地利大公雷歐波德的信裡，他在結尾寫道：「我親吻您的衣冠，以表達我對您滿懷的敬意。」

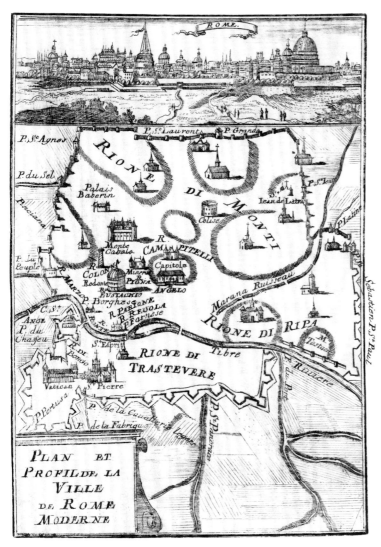

從羅馬郊區觀看到的羅馬全景圖。

樞機主教的規戒

卡契尼和羅里尼挑起的眾怒，就像一頭飢餓的獅子，除非得到滿足，否則無法平息。1616 年 2 月 19 日，裁判聖部的「專家」小組要決定以下兩項主張的真偽：

Ⅰ.太陽是世界的中心，在固定位置上不動。

Ⅱ.地球不是世界的中心，不是固定不動。它不但會移動，而且具有每日週期。

裁判聖部思考了這些問題，認為兩個都是虛謬、荒謬而錯誤的信念。因此，他們決定發布正式聲明，禁止教導哥白尼理論。2 月 25 日，教會發布一道命令，召見伽利略。2 月 26 日，伽利略在羅馬觀見貝拉爾米諾樞機主教。命令內容如下：

在貝拉爾米諾樞機主教的宅邸……伽利略受召前來觀見主教……伽利略必須遵照教宗及宗教法庭的命令及規範，徹底放棄日心說與地動說；不管是言詞或文字，均不得主張、講授或維護前述思想；否則宗教法庭將對伽利略採取制裁：以上，伽利略必須服從並保證遵守。

1616 年 3 月 5 日，禁書審定院發布命令，正式對哥白尼理論表達立場，認定畢達哥拉斯、哥白尼和祖尼加的書都違背《聖經》。

　　讓禁書審定院覺得特別傷腦筋的是另外一本書，1615 年在那不勒斯印行的《畢達哥拉斯與哥白尼學說之我見》。這本書的作者是加爾默羅會（天主教修士的一支）的成員佛斯卡里尼神父，他在書裡不斷提到太陽、月球、地球和其他行星（水星、金星、木星和土星），論及它們真實本質的奧祕。他提到望遠鏡已經顯現「蒼穹裡直到這個世紀都保持神祕而未知的事物，它們的美讓人驚豔、讚嘆不已；月球上丘巒起伏，土星有三個衛星，木星有四個衛星，金星、銀河、昂宿星團也在其中；此外，蘊藏著各種星星的星雲裡，有新的恆星和新的行星，也有一個個美麗的新世界。」

　　佛斯卡里尼除了整理伽利略所有新發現的要點，還犯下一個錯誤，那就是想要調和哥白尼的理論與《聖經》內容，並在書中引用了無數《舊約》經文，指出《聖經》裡教會沒有發現的破綻。例如，他以《聖經》一開始的經文「起初，神創造天地」為例，檢視每個字的意義；「神」（Elohim）這個字是單數，還是複數？它指的是聖三位一體，或萬能萬有的那一位？

　　這本書深受伽利略的朋友塞西喜愛，卻引發禁書審定院的震怒。首先，它的作者居然是天主教的修士；再者，他竟膽敢如此直接的討論哥白尼理論所引發的問題。伽利略在 1613 年回應克麗絲緹娜女大公的言論時，那封惡名昭彰的信曾引發一陣騷動，現在這本書似乎也會挑起類似的躁亂。於是，禁書審定院當機立斷，判定佛斯卡里尼的書必須「一併受到禁制、譴責」，所有現存的書都要銷毀。

▓ 宗教裁判所

　　宗教裁判所起源於中世紀，是審判異端的法庭。它是控制宗教的方式，保護教會，以對抗紛紛冒出的許多支派。1233 年，教宗成立正式的宗教裁判所，在歐洲各地進行有組織、有規模的調查。1500 年代，清教徒興起，宗教裁判所再次成為對抗威脅的工具。不過，宗教裁判所最終尋求的，還是讓異端歸化教會，回到教會的懷抱，成為優良的天主教徒。

　　在一段寬限期後，如果異端嫌犯不肯告解、放棄異端，就要接受祕密審判。受審者有時會遭受刑求。被判有罪者要悔過（異端者要在一段時間內做一種特別的禱告）、罰款、入獄，甚至被綁在柴火堆上燒死。

　　1542 年，教宗保祿三世設立普世調查裁判聖部，監管所有信仰事務。就是此一機構負責審判伽利略。

哥白尼那本極具爭議色彩的《天體運行論》，遭受的命運則較不嚴苛。根據禁書審定院的判決，它只需在「更正」並重新發行之前暫時禁用。禁書審定院反對書中把哥白尼理論指為科學。他們希望相關段落能修正，改稱哥白尼的觀念是尚未證實的理論。

伽利略認為禁書審定院的行動很諷刺，因為現在被列為禁書的哥白尼作品，在 1543 年出版時，是哥白尼獻給教宗保祿三世的。整體情況讓伽利略覺得無力而沮喪。伽利略儘管無從得知細節，但他知道有一場陰謀正在醞釀，目標是攻擊他的書和理論。

伽利略留在羅馬

伽利略留在羅馬向許多權勢人士請願，提出他的訴求。一如往常，他逐條逐項詳細解釋，想要說服聽眾相信真理。1616 年 3 月 11 日，伽利略與教宗保祿五世（1552-1621）會面。保祿五世是信仰非常虔誠的人，當時的觀察者如此評論他：「現任教宗自知心靈崇高，應該受到所有天主教子民的崇敬和服從。」

在謁見教宗時，伽利略向教宗談到他的敵人以及他們散布的謠言。教宗耐心聆聽，並向伽利略保證，大家都非常尊敬他，他的批評者絕對不會得逞。保祿五世告訴他：「只要我還是教宗，你就不必擔心。」

3 月 20 日，托斯卡尼大公的祕書畢徹那寫信給伽利略，懇求他不要再談

論他所引發的爭議，也不要再談論哥白尼的理論，並請他立刻返鄉。伽利略拒絕了。同時，托斯卡尼駐羅馬大使古奇亞迪尼感到很不安，因為就他所知，教宗保祿五世不是個心胸寬大的人，也不喜歡受過教育的知識分子。或許古奇亞迪尼想起了幾年前的一件意外，當時教宗保祿五世下令斬首一個名叫皮奇納迪的人，因為他寫作前教宗克勉八世的傳記，內容不恭不敬。那本書從來沒有出版，但是有知情者向權威者密告。保祿五世起初假裝不在意，但是有一天，那個可憐的人突然遭到逮捕並殺害。

伽利略解說他主張的天文體系。

伽利略寫信給畢徹那，說自己的表現非常好，他冷靜、理性，沒有給敵人可以進一步反擊他的把柄。「我祈禱直到我返家前，教宗對我都能保持良好的評價，」他告訴畢徹那。

遺憾的是，他舉證歷歷，卻沒有人聽進去。道明會的勢力實在太強大，無法等閒視之。古奇亞迪尼的信裡解釋了當時的情況：

> 伽利略極不善於自制，極度缺乏判斷力，因此羅馬的氛圍對他極度不利。尤其是我們當今的教宗痛恨天才，我實在不懂他為什麼要來羅馬，也不明白他在這裡能得到什麼好處。

安東尼奧・奎仁奇當時也在羅馬，根據他的記述，伽利略一次要舌戰 15 或 20 人，而他們全都來者不善，想盡辦法挑他理論的漏洞。伽利略曾經在一間羅馬宅邸與眾人辯論，對手都來自反對陣營；一開始，伽利略吹捧對手的論點，讓對手以為得逞而沾沾自喜，接著，伽利略再以他發現的事實，一舉擊倒對手，翻轉局勢。伽利略如此在正論與反論間穿梭自如，雖然不違反辯論的精神，但是敗在如此機巧的手法之下，他的對手一定是窘到下不了台。

托斯卡尼大使對於伽利略仍然待在羅馬感到不悅。古奇亞迪尼不希望伽利略出現在羅馬，成為羅馬教廷和托斯卡尼政府關係的障礙。古奇亞迪尼強烈感覺到，如果伽利略在羅馬待得更久，托斯卡尼將因此遭禍蒙羞。5 月 23 日，他寫了一封信給伽利略：「大公閣下……會很高興……如果你能夠不再驚動沉睡的狗，並盡快返鄉。我們不樂見的流言已經滿天飛，而修道士（伽利略的敵人）的勢力實在太過強大。」

敵人對伽利略的中傷，主要是在他背後散布謠言和耳語。那些謠言伽利略都有所耳聞：流言說他曾經遭受處罰、被迫悔過並棄絕他的學說。這些抹黑令伽利略惱怒萬分。於是他請貝拉爾米諾樞機主教寫一封信，證明他事實上並沒有任何罪名。主教答應了伽利略的請求，在 1616 年 3 月 26 日寫了一封短信如下。而後，伽利略在宗教裁判所的審判中，這封信扮演了重要角色：

我，貝拉爾米諾樞機主教理解伽利略遭受毀謗，指稱他曾受教會判處棄絕思想及悔改認罪。我們在此應伽利略的要求，以此信澄清事實。羅馬教會、在羅馬以及我們所知之地的任何人，都不曾對伽利略判處棄絕思想，也不曾對他判處悔改認罪。唯教宗與禁書審定院曾經宣告，對他下達指示，他不得維護或主張哥白尼思想的日心說及地動說，因為它們違背了《聖經》的教導。

6 月初，伽利略終於把好友兼支持者大公的建議聽進去，返回佛羅倫斯。同月，蒙帝樞機主教寫信表示伽利略離開羅馬時，不但名譽絲毫無傷，反而揭穿了敵人惡毒的謊言。

試金者

幾年前就開始的各種病痛依然折磨著伽利略，有時候他不舒服到沒辦法做任何事，只能臥床休息，疼痛、發燒對他而言是家常便飯。1617 年，他搬

▨ 拉丁文

羅馬天主教會以拉丁文溝通。所有歐洲大學生都要學習拉丁文，許多學者仍然用拉丁文寫論文，彼此溝通。以下是從伽利略收到的禁令裡摘錄出來的文字，你可能會覺得其中有些字會讓你想起另外一個英文字，那是因為它們正是現代英文字的字源。請看看以下標示底線的字，你都可以用英文推測出它的意思（提示：從字首判斷）：

…quod sol sit centrum mundi et immobilis et terra moveatur omnino reliquat, nec eam de caetero quovis modo teneat, doceat, aut defendat, verbo aut scriptis.

參考答案：
centrum ＝ center　中心
immobilis ＝ immovable　不動的
moveatur ＝ moving　移動
reliquat ＝ equilibrium　平衡
defendat ＝ defendant　被告
verbo ＝ verb　動詞
scriptis ＝ script　手稿

到佛羅倫斯附近、貝羅斯伽多的塞格尼莊。塞格尼莊位於山丘頂，十分宜人。伽利略認為住在那裡有益於他的健康，此外，讓他很開心的是，這裡離女兒的修道院不到一個小時的距離。

在這段期間，他還是繼續研究天體，但是他對於言談或寫書已十分謹慎。1618 年，他送給贊助人奧地利雷歐波德大公（剛好是托斯卡尼大公的兄弟）三架望遠鏡，以及他所寫關於太陽黑子及潮汐的論文。他在隨物品附上的信裡解釋，這是數年前寫的，時間是在主教要他放棄哥白尼理論之前。既然他現在意識到自己可能惹上麻煩，於是告訴大公：「我把它看成一首詩或一個夢，希望陛下也能如此看待它……但是，即使是詩人，也會認為他們的幻夢有其價值，我對我的幻夢也是如此。」伽利略想要傳揚他的作品，以防有人發現同樣的理論後占為己有。世人會知道，「我是第一個作這個夢的人。」

接下來幾年，伽利略有時忙碌，有時疾病纏身。在這段期間，即使曾經搬回佛羅倫斯，伽利略還是和威尼斯的朋友薩格瑞多保持聯絡。薩格瑞多知曉伽利略一直在生病，建議他放下宇宙裡的星辰，好好享受自己的人生。他勸伽利略：「那些愚昧之人，就隨他們繼續愚昧下去吧！」但是伽利略無法讓心智停止轉動。1618 年，三顆彗星照亮夜空，但五十四歲的伽利略重病在床，身體虛弱。身體的疾病因為心理的憂鬱而加重。在他眼中，每次疼痛都暗示著威脅生命的嚴重問題。他因為焦慮，渾身都覺得不對勁，健康更難有起色。

雷歐波德大公也前往探視生病的伽利略。或許大公是希望能為伽利略打氣，脫離病痛的低潮，於是提到自己很想觀測彗星。聽到贊助人如此請求，伽利略大受激勵，於是在學生奎杜奇的幫助下進行彗星觀測。奎杜奇把伽利

略的觀測筆記整理得有條有理。奎杜奇後來在佛羅倫斯學會針對這個主題發表演說，並在 1619 年出版這份筆記，書名為《論彗星》。演說以「宇宙機器的神奇材料」等文詞開場，極富有詩意。

此書的內容與耶穌會教士格拉希（1585-1654）的觀念矛盾，因此冒犯了格拉希，格拉希一口咬定伽利略是攻擊他的理論的幕後主謀。格拉希在深思熟慮後，精心構思回應，以筆名拉塔里奧・沙希發表了《天文與哲學的平衡》一書。書裡多次提到伽利略的名字。伽利略讀到這本書時很不高興。這本書讓他非常生氣，甚至到怒不可遏的地步。

伽利略思考著他該怎麼做。他應該讓奎杜奇回應嗎？因為事情是由他的《論彗星》而起，而不是伽利略的書。由他自己出面回應格拉希，是不是太委屈自己呢？最後，伽利略決定自己必須對「沙希」有所回應。但因為他健康不佳，花了好幾年才寫成《試金者》一書，並終於在 1623 年秋天出版。

這本書是以書信形式寫成，收件人是唐・佛吉尼奧・切薩里尼，他是新任教宗伍朋八世（參閱 P121 的解說）的新科執行助理。在《試金者》裡，伽利略雄辯滔滔數百頁，用嚴謹的觀念回答沙希提出的論點。書中一字不漏節錄沙希以拉丁文寫成的原文段落，然後用義大利文逐點討論沙希的觀點。在書中，伽利略時而俏皮幽默，時而厲詞怒斥。不過從頭到尾他都讓科學說話。全書提到「沙希」的名字超過 200 次！

伽利略和沙希的爭執，在於眼睛接收光線的方式，以及物體經望遠鏡放大後，會如何影響眼睛的成像。雖然這不是伽利略最重要的科學研究，但寫作及論述都極為精采。伽利略在某一段解釋，該如何理解科學和數學：

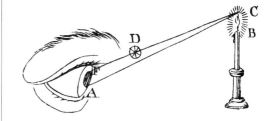

沙希（格拉希）書裡的插圖，說明當蠟燭有部分被遮擋時，眼睛如何感知燭光。

沙希認為哲學是一本書，是個人幻想，有如荷馬史詩《伊里亞德》，和《瘋狂奧蘭多》〔伽利略十分喜愛的史詩，作者是盧多維科·亞力奧斯托，寫於 16 世紀初期〕，不管書裡寫了什麼，真實是最不重要的事。沙希先生，事情不是這樣的。哲學就刻寫在宇宙裡，宇宙不斷在我們眼前展開，我們卻無法理解；除非我們先學習宇宙的語言和字母，否則無法閱讀宇宙這本偉大的書。宇宙的語言是數學，三角、圓和其他幾何形象就是它的字母。沒有語言和字母的幫助，人類無法只靠自己理解任何一個字；沒有這些，人類只能在黑暗的迷宮裡打轉，徒勞無功。

　　雖然伽利略盡量避免引起爭端，但耶穌會仍然認為這本書是對他們莫大的冒犯。伽利略攻擊了他們的一分子。耶穌會的領袖發出命令，禁止耶穌會成員私下討論《試金者》。從這時起，伽利略又多了一個強大的敵人。儘管如此，教宗卻表示，《試金者》是他用餐時的良伴，讀來津津有味。

新教宗上任

　　伽利略和他的追隨者聽到下一任教宗會是格里高里十五世時都滿懷希望，然而格里高里十五世任教宗不到兩年，便於 1623 年 7 月 8 日過世。1623 年 8 月 6 日，巴貝里尼被選為教宗伍朋八世，位高權重。巴貝里尼還是樞機主教時，伽利略就和他非常熟識。兩人通信多年，伽利略也曾把他的一些著

一起來學義大利文！

伽利略大部分的傑作都是以義大利文寫成。在這裡，你可以學習一些不斷出現在伽利略的書裡的關鍵字。單字後面都附了發音。由於英文和義大利文有很多字的字根都是拉丁文，因此聽起來很類似。

- astronomia（ah strohn oh MEE ya）—astronomy 望遠鏡
- cardinale（kar dee NAH lay）—cardinal 樞機主教
- chiesa（kee AY zah）—church 教會
- cielo（chee EL oh）—sky 天空
- Copernico（ko PEAR nee ko）—Copernicus 哥白尼
- Dio（DEE oh）—God 上帝
- eclisse totale della Luna（eh KLEE say toh TAH lay DEL lah LOO nah）—total eclipse of the moon 月全蝕
- filosofia（fee loh so FEE yah）—philosophy 哲學
- Fiorentino（fee or ehn TEE no）—Florentine 佛羅倫斯人

- Firenze（fee REN zay）—Florence 佛羅倫斯
- Giove（jee OH vay）—Jupiter 木星
- gran duca（grahn DOO ka）—grand duke 大公
- grandissimo（grahn DEE see moh）—great, very good 太好了
- illustrissimo（ee loo STREE see moh）—illustrious 尊榮的
- lettera（LEH teh rah）—letter 信
- libri（LEE bree）—books 書
- Luna（LOO nah）—（the）moon 月球
- macchie（MAH kee ay）—spots（on the sun）（太陽）黑子
- Marte（MAR tay）—Mars 火星
- matematici（mah tay mah TEE chee）—mathematics 數學
- Mercurio（mehr COO ree oh）—Mercury 水星
- monti（MOHN tee）—mountains 山
- natura（nah TUR ah）—nature 自然
- nuova（NWO vah）—new 新
- opera（OH pear ah）—works（writing）論文

- osservazioni（ohs ayr vah zee Oh nee）—observations 觀察
- pianeti（pee ah NEH tee）—planets 行星
- sacre（SAH kray）—sacred, holy 神聖
- satellite（sah TAY lee tay）—satellites 衛星
- Saturno（sah TUHR no）—Saturn 土星
- Scrittura（skree TUHR ah）—Scriptures 聖經
- Sole（SOH lay）—sun 太陽
- Stella（STEH lah）—star 恆星
- telescopio（teh lay SKO pee oh）—telescope 望遠鏡
- uomo（WO moh）—man 人
- Venere（VEH neh ray）—Venus 金星

伽利略所著《試金者》的內文。

眼睛的感光實驗

伽利略在《試金者》裡寫到，我們無法以肉眼辨識恆星或行星真正的形狀，因為光暈會讓形狀變得模糊。即使金星在新月階段，肉眼也無法分辨任何差異。但是在望遠鏡下，光的輻射效應消失，物體的真實形體才會顯現。伽利略把這個現象比喻為星體有著一頭往外輻射的頭髮。從遠方看，這些「頭髮」會讓星體本身變得相對較小。根據他的說法，對地球來說，月球在天空裡很大，一頭發散的頭髮相對不起眼，所以我們可以清楚看到月球的形狀。這個活動就是要讓你觀察這項「輻射頭髮」原理。

材料

◆ 空曠的戶外空間　◆一位朋友
◆ 手電筒　◆雙筒望遠鏡

傍晚日落後，找個空曠的地方。請朋友站在距離你約 1.5 公尺處，把手電筒打開照向你。你可以看到發光的圓形嗎？現在，請朋友站在距離你約 15 公尺處，再次打開手電筒。你現在仍然能辨識手電筒的光源形狀嗎？接著，請朋友站在距離你約 30 公尺處。這時光源的形狀看起來又是如何？

用望遠鏡看手電筒。你以肉眼看到的放大景象，情況如何？

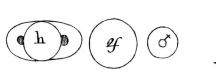

透過望遠鏡觀察，行星相對的大小和形狀。節錄自《試金者》。

作直接給主教看。

關於伽利略對浮體的研究，主教在 1612 年寫道：「我收到你關於不同科學問題的論文……閱讀你的論文，讓我滿心歡喜。一方面我可以確知自己和你有一樣的見解，一方面我也和世人一樣，為你出眾的智慧結晶讚嘆不已。」1613 年，主教在收到伽利略關於太陽黑子的信後，談到他有多歡喜，並在感謝信裡告訴伽利略，他一定會撥時間優先欣賞他的大作；「我絕不會讓這本書閒置，與其他書一併沉寂，」他寫道。主教深受伽利略的啟發，甚至寫到他期待能找到望遠鏡，一探宇宙奧奇──「但願我們這裡的望遠鏡好到能夠實現這個心願。」

巴貝里尼主教也是喜愛寫作的詩人。他曾寫下頌揚科學家的拉丁詩句，並寄給伽利略。他寫信給伽利略道：「我隨信附上我獻給你的詩句，以表達我對你個人以及你無數成就的尊崇。即使它們無法匹配你的光彩，至少也能證明我對你的真摯情誼；如果可能，我願意把它獻上，為你榮耀的名聲錦上添花。」

此後多年，這些字句必然經常在伽利略的

耳邊響起，這聽來正是真誠仰慕者的肺腑之言。但是，一如伽利略後來會發現的，巴貝里尼是個複雜的人。雖然他對伽利略的科學研究看似友善而支持，但他其實從來沒有真正說他支持哥白尼理論。但是在另一方面，據說他曾經如此評論給伽利略的禁令：「我們的目的不是宣告哥白尼學說有罪。」

根據當時的記載，伍朋八世（巴貝里尼）非常有自信，甚至到自大的地步。1624 年，有人如此描述他：「他只愛他自己的意見，允許自己被奉承讚美，更因此固執己見。」伍朋八世曾經廢止一條禁止為在世教宗立像的羅馬法律；有一次，當某些舊教會規範與他個人有所衝突時，他說道，在世教宗所說的話，比一百位已逝教宗的律令還更具價值。他是個活力十足、體格強健的人，喜歡別人尊敬他。他立志要成為偉大的人物，自視甚高。他也非常喜歡發表議論。1627 年有人記述關於伍朋八世的事如下：

教宗能言善道，對各種事物都能侃侃而談、辯才無礙，道出所有他知曉和理解的資訊……對教宗有所請求的人，結果通常只能聽教宗說，而沒有機會解釋或談論自己有興趣的事物。

還有人描述教宗喜歡矛盾，因此只要欲擒故縱，就能讓教宗認同你真正的立場，你也能得到你真正想要的事物。

1623 年秋天，伽利略的朋友塞西勸他拜訪一下新教宗。「去見見伍朋八世，露個臉，打聲招呼，對你會有好處。」塞西告訴伽利略。

遺憾的是，1623 年 8 月，伽利略生了一場重病，連著好多天都臥病在床，讓他的女兒非常擔心他的健康狀況。雖然伽利略的健康終於在夏末時有

教宗伍朋八世。

▧ 教宗的任期

馬費奧·巴貝里尼，也就是伍朋八世（1568-1644），教宗的任期長達將近 21 年，是教會歷史上在位時間最長的教宗之一。以現在來看，他的排名是第 11 位；不過在當時，他是在位時間第 6 長的教宗，排在聖彼得（教會的創始人）、亞德一世、歷山三世、聖思維一世和聖良一世之後。

起色，但他仍然很虛弱。教宗的姪子寫信給伽利略，說教宗真的很想見他，但若旅途對他健康的負擔實在過於沉重，「對於像你如此偉大的人，務必保重自己，以求長壽。」

由秋入冬之際，發生了大洪水，使得旅途變得更加危險。雖然伽利略急切的想要求證他在教宗心目中的地位，仍然決定要等到天氣改善再動身前往羅馬。

這個時候，消息靈通的塞西持續留意伍朋八世的態度。在等待伽利略前往拜訪教宗的這段期間，他曾寫信說道，在「博學多聞」的教宗伍朋統領之下，科學一定會蓬勃發展。

伽利略的女兒瑪麗亞‧瑟蕾絲特得知新教宗的事蹟後也非常高興。她在一封 1623 年給父親的信裡寫道：

我曾經讀過尊貴的主教所寫的信，他現在已經成為當今教會的最高領袖，而知道他是那麼喜愛、尊敬你，我的歡喜實在是言語無法形容。我反覆讀信（伽利略顯然把巴貝里尼當主教時寫給他的信拿給女兒看）……願上帝賜你健康，實現你拜訪教宗的心願，以得到他更多的榮寵……我想，你現在應該會寫一封言詞優美的信給教宗，恭喜他登上寶座。

伽利略的拜訪教宗之旅終於在 1624 年 4 月成行。旅途一開始，他先住在塞西位於阿夸斯帕塔的居所兩週，再繼續前往羅馬。

伽利略覺得教宗對他十分接納。伽利略在羅馬停留長達兩個月的期間，與教宗會面了六次。伍朋饋贈許多禮物給伽利略，其中包括一塊銀牌。教宗答應，伽利略和兒子文森齊歐可以享有羅馬的養老金。由於伽利略來自托斯

卡尼，名義上是「外地人」，沒有資格享有養老金，因此教宗賜予養老金，相當於對伽利略的肯定。教宗也寫了一封讚美信給斐迪南二世，也就是科西莫二世之子、托斯卡尼大公的繼承人。教宗在信中寫道，伽利略值得新任大公的特別禮遇：

他有一種強烈的特質，輕易就能博得好感……我們都極其喜愛他……這樣您就可以知道他對我們來說有多可貴，我們決定獻給他這份榮譽，做為道德與虔誠的見證。我們想進一步向您表示，若您能比照或超越您的父親，給予他慷慨的禮遇，我們都會感謝您。

教宗的信裡還提到，他在伽利略身上看到對科學深刻的熱愛，也看到對上帝誠摯的敬虔。

伽利略在羅馬時，也拜訪了其他教會官員，隱約感覺到教會的立場不再像 1616 年時那麼強烈。事實上，當巴貝里尼還是樞機主教時，就不認同教會 1616 年時所採取的立場。教宗後來應該有提及，教會其實不是在譴責哥白尼的學說，只是認為它的提出過於輕率。教宗向科學家提出挑戰，只要願意，任何人都可以去證明這個理論，如此一來，它或許就不會再被看做輕率。

所有這些都讓伽利略理所當然的燃起希望。或許新教宗已經扭轉反對哥白尼的潮流。伽利略動身返回托斯卡尼時，認為羅馬對他不再是個危險之地，而在權威金字塔的頂端，他現在也有了朋友。

在此期間，伽利略不斷的創造新儀器。他一直在打造新版的望遠鏡，不但能放大微小的物體，更能呈現特寫鏡頭。1624 年 12 月，伽利略把一支「鏡

頭」送給塞西，並附上一封信，開頭寫道：「我給您送上一副目鏡，用以觀察微小眾物的大千世界，我希望您能從中得到莫大的樂趣。」伽利略也向塞西解釋如何使用這最早形式的顯微鏡。〔雖然伽利略的這項儀器具備特寫的放大功能，現代顯微鏡的發明通常歸功給雷文霍克。雷文霍克以他的顯微鏡片檢視有機物，得到許多生物學上的發現。〕

米開朗基羅返鄉

　　伽利略的弟弟米開朗基羅在德國慕尼黑待了幾年後，覺得自己或許應該到別的地方去試試運氣。米開朗基羅養不起家人，無法讓一家子衣食無缺。1627 年，他寫信給伽利略，探問回到佛羅倫斯的事。1627 年 9 月，他居然把一家人都送到伽利略家，無限期的住下來。包括他的妻子克拉拉，和他的孩子瑪蒂爾德、亞伯托、米開朗基羅、科西莫、安娜‧瑪麗亞和瑪麗亞‧芙爾瓦，唯一沒來的是當時在巴黎的兒子文森佐。伽利略答應負擔文森佐赴羅馬學習音樂的經費。文森佐在羅馬投靠伽利略的朋友卡斯泰利。卡斯泰利後來發覺這個年輕人極難相處。卡斯泰利認為文森佐頑固、魯莽、粗野又邪惡。伽利略想要安排亞伯托進入托斯卡尼大公家裡工作，但是米開朗基羅反對，他覺得兒子年紀還太小，不能做這種工作。

　　伽利略在貝羅斯伽多的房子夠寬敞，可以容納弟媳、外甥和外甥女舒適的住下。伽利略的負擔因此增加，但財務並不至於過於緊繃。然而，不知感

擲骰子

伽利略是知名的邏輯思考者，他的仰慕者有時會出弔詭的數學問題請他解答。有一次，伽利略遇到一個特別複雜的數學問題。

當時的賭徒通常以三顆骰子擲出的結果為下注的目標。他們知道，擲出總數為 3 點或 18 點的機率很罕見，因為這兩種情況下，都只有一個組合，即分別為 1-1-1 和 6-6-6。根據他們的推算，總數 9 點和總數 10 點的機率是相等的。但是，依他們的經驗，三顆骰子擲出總數 10 點似乎比總數 9 點還常出現。伽利略的任務就是找出原因。

賭博者的邏輯是，總數 9 點有 6 種可能的組合：1-2-6，4-4-1，3-3-3、2-2-5，2-3-4 或 5-3-1。總點數為 10 也有 6 種可能的組合：4-4-2，2-2-6，3-3-4、6-1-3，5-4-1 或 5-3-2。 那麼，為什麼會更容易擲出 10 點呢？在這個活動裡，你要觀察 10 點的出現次數是否較多。這項活動分成幾個階段，請按部就班，遵循伽利略的做法，你會學到關於機率很好的一課（機率就是特定事件發生的機會）。

材料：

◆ 3 顆骰子　◆ 筆記本　◆ 鉛筆
◆ 計算機

擲三顆骰子，把總點數記錄在紙上。重複這個程序，寫下每一次的結果。三顆骰子擲 100 次後，分別統計總數為 9 點和 10 點的總次數。總數為 10 點較常出現嗎？應該是如此。想一想，為什麼？

伽利略檢視了這個問題，他看出答案不在於可能的組合數，而是排列方式，也就是每次擲骰子可能出現的結果。

思考一下這個問題：擲一顆骰子時，擲出 6 的機率是多少？擲出的機率又是多少？其他點數的機率又是如何？只有一顆骰子時，任何點數出現的機率都是一樣的。沒有哪個點數的機會比其他任何點數大。骰子有六面，六面的數字各有不同，分別為 1 到 6，每一面出現的機率都均等。然而，一次擲 2 顆骰子時，事情就不一樣了。

擲兩顆骰子時，可能的結果超過 6 種。每種結果發生的機率都不一樣。兩顆骰子有兩種不同的方式可以擲出 1-2：第一顆出現 1 點，第二顆出現 2 點；或是第一顆出現 2 點，第二顆出現 1 點。因此，你有兩個機會可以擲出 1 點和 2 點的組合。要擲出 2-2 的結果，你卻只有一個機會：兩顆骰子都要出現 2。因此，擲出 1-2 的機會，比擲出 2-2 的機會大。

第一顆骰子可能擲出 6 種可能的結果：1、2、3、4、5 或 6。兩顆骰子一起擲時，兩顆骰子有許多可能的結

果：1-1、1-2、1-3、1-4、1-5、1-6、2-2、2-3、2-4、2-5、2-6、3-3、3-4、3-5、3-6、4-4、4-5、4-6、5-5、5-6 或 6-6。

不過，一如你看到的，重要的不只是結果。3-6 可以有兩種方式：3-6 和 6-3。除了同點數（即 1-1、2-2、3-3、4-4、5-5 或 6-6），其他組合都有兩種方式。

加入第三顆骰子，事情就變得更複雜了。現在，可能的結果更多種。記住，每個骰子的六面擲出的機會是一樣的。在公式裡，每顆骰子都應該分別處理。擲出一個 2 點和兩個 1 點，有三種方式：1-1-2、1-2-1 或 2-1-1。換句話說，擲出的骰子裡，第一顆骰子出現 1，同時第二顆出現 1，第三顆出現 2。這是一種結果，也就是一種排列。但一個 2 點和兩個 1 點也可能是第一顆出現 2，另外兩顆出現 1。這是另一種結果。

再看看伽利略的問題，從結果的角度思考：

擲出 9 點：1-2-6，4-4-1，3-3-3、2-2-5，2-3-4 或 5-3-1。

擲出 10 點：4-4-2，2-2-6，3-3-4、6-1-3，5-4-1 或 5-3-2。

沒錯，要擲出 9 點或 10 點都有六組不同的號碼。但是有超過六種不同的方式可以構成這些組合。因此，擲出一個 1、一個 2 和一個 6 的花色，可能有許多種可能的方式：1-2-6、1-6-2、2-1-6、2-6-1、6-1-2 或 6-2-1。

每個結果都有一個 1、一個 2 和一個 6。任何一個加起來都等於 9。再看看兩個 4 和一個 1，這時就只有三種可能的結果：1-4-4、4-1-4 或 4-4-1。

現在，看看 3-3-3，它只有一種可能，因為三顆骰子都必須一樣。第依顆必須是 3，第二顆和第三顆也都必須是 3：3-3-3。

因此，3 個不同數字的組合（如 1-2-6）有 6 種方式。兩個相同數字的組合（如 4-4-1）有 3 種不同的方式。3 個相同的數字（如 3-3-3）只有 1 種排列。

現在，再次檢視這些組合，在括號裡加上每種組合的排列方式數：

擲出 9 點：1-2-6（6）、4-4-1（3）、3-3-3（1）、2-2-5（3）、2-3-4（6）或 5-3-1（6）＝共有 25 種排列方式。

擲出 10 點：4-4-2（3），2-2-6（3），3-3-4（3）、6-1-3（6）、5-4-1（6）或 5-3-2（6）＝共有 27 種排列方式。

因此，擲出 9 點的排列數比擲出 10 點的排列數少。

（提示：如果你覺得排列的概念很難懂，你可以用三顆不同顏色的骰子，幫助你理解不同的擲骰子結果。）

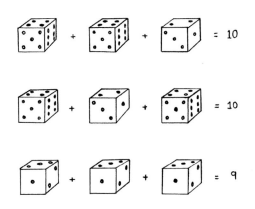

恩的米開朗基羅卻還抱怨孩子沒有得到適當的照料。雖然照顧一大家子的重擔造成伽利略健康的負擔，伽利略仍然堅持弟弟的家人待在佛羅倫斯比較好。但是米開朗基羅不肯聽。「除非我把家人接回來，否則混亂永遠不會結束。我必須這麼做，」他在 1628 年 6 月時寫道，「即使要用雙腳走回佛羅倫斯，我也要這麼做。」1628 年 8 月，米開朗基羅經過長途跋涉，回到佛羅倫斯，接走家人。伽利略不是很高興。畢竟這麼多年來，他為弟弟做了這麼多，他的付出卻沒有得到任何感謝或讚美。幾年後，米開朗基羅過世前不久，才體悟到自己實在不是個好弟弟，並請求伽利略的原諒。

伽利略的兒子

　　文森齊歐（1606-1649）是伽利略唯一的兒子，出生於威尼斯。由於父母當時沒有正式結婚，他被認為是私生子，不具合法的地位。1619 年，靠著托斯卡尼大公科西莫二世的幫助，才讓文森齊歐取得合法的名分。文森齊歐十七歲時，姊姊瑪麗亞‧瑟蕾絲特寫信給父親：「我懇請您仁慈善待我們可憐的弟弟，請您顧念他年紀小，原諒他犯的錯……我不再多講，恐怕您覺得我厭煩，但我不會停止代他請求您眷顧他。」

　　伽利略的兒子有時顯得自私、懶惰和冥頑不靈。根據他姊姊寫給父親的信看來，他是一個衣著邋遢的人。文森齊歐花錢揮霍，喜歡過奢侈的生活。在某些方面，他很像他的叔叔米開朗基羅。他學習法律和數學，得到博士學

文藝復興時期的衣領

16 世紀和 17 世紀初期的時尚講究優雅、繁複的衣領。衣領是地位的象徵，風格多樣，有平整的，有抓皺的，有的綴以少許蕾絲點，有的鑲以大量蕾絲。瑪麗亞‧瑟蕾絲特曾向父親提到，文森齊歐穿著的衣領是大型的，需要很多蕾絲。

1580年代繁複華麗的衣領。

位，他的教育經費是伽利略財務上的沉重負擔。幸好，他後來終於自己覺悟，洗心革面，顯露良善的一面。文森齊歐會前往修道院拜訪姊姊，為父親傳遞消息，這給了瑪麗亞‧瑟蕾絲特一些安慰。

文森齊歐必須靠父親和姊姊的資助才能穿著體面。1628 年，瑪麗亞‧瑟蕾絲特寫信給父親：「文森齊歐非常需要一些衣領，他總是等到要換穿乾淨衣領時才想到。他現在有的那些非常破舊，已經很難縫補。我希望能為他再做四件新衣領，有蕾絲邊，加上搭配成套的袖口。」瑪麗亞‧瑟蕾絲特請父親送來材料做衣領，或是給她錢買布料。瑪麗亞‧瑟蕾絲特有一封在 1629 年寫給父親的信中，就曾問伽利略或文森齊歐是否有衣領需要修補。

1629 年，文森齊歐宣布他要和賽絲提莉雅‧波奇奈里結婚。賽絲提莉雅是瑪麗亞‧瑟蕾絲特在修道院最好朋友的姊妹。瑪麗亞‧瑟蕾絲特和妹妹阿坎吉拉與準新娘見了面，很喜歡她那討喜的個性，也很高興她似乎很喜歡伽利略。「最讓我開心的是看到她很喜歡你。」瑪麗亞‧瑟蕾絲特寫道。

關於要給新娘的結婚禮物，瑪麗亞‧瑟蕾絲特也詢問父親的意見。她認為做一件圍裙給賽絲提莉雅應該不錯：不只實用，製作也不會太昂貴。她開了一張清單給伽利略，列出幾種蛋糕需要的材料。她還問父親她是不是應該為婚禮做些巧克力餅乾。

文森齊歐在 1630 年迎接第一個兒子的出世，他替兒子取名為伽利略，以紀念父親。隔年，賽絲提莉雅生了第二個兒子，取名為卡羅，之後第三個兒子取名為科西莫。1631 年，文森齊歐失業了，瑪麗亞‧瑟蕾絲特勸父親替他找工作，這樣他才不會惹事生非，也較不會令伽利略心煩，「和平與寧靜」才

會真正到來。

雖然這對父子的關係有幾年很緊張，不過到了伽利略的晚年，兒子似乎又重新得到他的寵愛。

可怕的瘟疫

曾有數百年的時間，致命的黑死病肆虐歐洲的城市。自 1300 年代開始，有數百萬人死於這項由老鼠傳播的疫疾。1600 年代期間，黑死病仍然盛行，一波波侵襲歐洲各個地區。1635 年，許多德國城鎮的黑死病疫情尤其嚴重（當地稱為「瘟疫」），大約只有三分之一或甚至更少的人能夠存活。1630 至 1631 年間，佛羅倫斯爆發了嚴重的黑死病。

由於黑死病的傳染力很強，不管它在哪裡出現，都會引發恐慌。在人口稠密的地區，因為有許多老鼠到處流竄，加上惡劣的衛生條件，黑死病特別容易流行。棄置的病屍也有危險。沒有染病的人通常會逃往鄉間，或是轉往其他沒有受到影響的地方。當時也會對疫區強制實施隔離，以防止黑死病傳染到其他地區。

在黑死病爆發期間，伽利略的兒子文森齊歐和妻子離開了佛羅倫斯，逃到一個名叫普拉托的地方，卻把襁褓中的孩子留給伽利略和負責在伽利略家幫忙打理一切事務的管家皮耶拉照顧。伽利略很氣兒子就這樣離開，甚至在他離家期間斷絕聯絡。父子關係緊繃了好幾個月。

為伽利略調製靈藥

伽利略和女兒多年來互相傳遞許多包裹，有食物，也有其他東西。瑪麗亞·瑟蕾絲特送給父親的有糕點、橘橙果乾、香料蛋糕、烤榅桲（一種水果）、烤西洋梨和大黃。

有些藥草、香料和水果以對身體具有療效而知名。伽利略病重時，瑪麗亞·瑟蕾絲特曾送給他一種由醋、糖和石榴酒做成的藥水。她也曾送伽利略一些肉桂水，據說有益健康，能幫助他好轉。當時其他的配方包括迷迭香藥水，正是由迷迭香這種香草製成。

這項活動會教你做兩種「藥水」，類似瑪麗亞·瑟蕾絲特送給伽利略的那種。

（需有大人陪同監督）

石榴靈藥／材料及器具：

◆ 170g 的石榴汁　◆ 飲用玻璃杯
◆ 一大匙（15mL）的醋

◆ 一大匙（15mL）的糖

石榴汁倒進杯中（如果你有新鮮的石榴，可以自己取石榴籽榨汁。請注意：可能會一團亂！）加入醋和糖。攪拌均勻。

肉桂水／材料及器具：

◆ 鍋子　◆ 950mL 的開水
◆ 1/2 茶匙（2.5mL）的肉桂粉
◆ 1/4 杯（60mL）的糖　◆ 過濾器

把水煮滾。關火，移開火爐，加入肉桂粉和糖，攪拌一分鐘。放涼後過濾。試喝一、兩口。嚐起來味道如何？

保健藥水／材料及器具：

◆ 950mL 水　◆ 鍋子
◆ 28g 的白葡萄汁　◆ 兩片玫瑰花瓣
◆ 一把迷迭香葉片（可於雜貨店或園藝店購買）

17世紀的插畫，圖中為石榴，即伽利略的女兒用於製藥的材料。

◆ 一把鼠尾草葉　◆ 一顆檸檬的皮屑
◆ 過濾器

把水煮滾，加入葡萄汁、玫瑰花瓣、迷迭香葉、鼠尾草和檸檬皮屑。滾大約 5 分鐘。放涼至室溫，濾除草葉和皮屑。噴一點保健藥水在手掌和手臂上。或許它不能抵抗疾病，但是不是至少聞起來還不錯？

1630 年秋天，伽利略雇用的吹玻璃工死於黑死病。瑪麗亞‧瑟蕾絲特得知這件死訊後覺得很擔心。她寫信告訴父親「對於目前的危險，務必極盡可能的謹慎小心」，並提醒他，最好的治療方法就是對上帝「（為個人的罪）真誠的懺悔和悔改」。

　　佛羅倫斯約有七萬五千人，其中將近一萬一千人在黑死病爆發期間死亡。黑死病流行期間，佛羅倫斯根本不可能回復正常的日常生活，貿易也變得緩慢而停滯。1630 年，米蘭也遭到黑死病肆虐，數千人死亡。

　　當時的醫生穿著怪異的服飾，由厚重的材料製成，例如皮革，還有一副裝著各種香草的「喙」，以淨化他們吸進的空氣。

　　當時出現各種偏方，據說可以對抗黑死病。有一項配方是把玫瑰水、酒和接骨木水一起煮，然後加入一堆混合材料，包括當歸和拳參（bistort，植物，常做為藥材）的根，鼠尾草葉和迷迭香、洋艾草、杜松子和檸檬皮屑。用這種藥水清洗，據說有助於預防感染黑死病。

　　伽利略的女兒瑪麗亞‧瑟蕾絲特也有她自己抗黑死病的獨家配方，那是一種烘焙過的食材，包含乾燥的無花果、胡桃、奶油炒麵糊以及鹽，再和蜂蜜混合。她送了一些給伽利略，要父親每天早上吃一小塊，配一點酒。她也送給伽利略一小瓶修道院長做的特製強力藥水。

　　當時有一段德文文獻，描述了石榴的療效：

　　石榴榨的汁，藥師稱之為「石榴酒」。這種酒能解瘟疫引起的發燒。因此，把它和大麥水或酢漿草水混合喝下，能解渴，也能消胃熱。

Habit des Medecins, et autres personnes qui visitent les Pestiferés, Il est de marroquin de leuant, le masque a les yeux de cristal, et un long néz rempli de parfums

醫生的防瘟疫服裝。

Chapter 6

兩種體系的爭論

距離伽利略第一次被警告要留意教學和寫作內容，已經超過 10 年了。1616 年，伽利略在貝拉爾米諾樞機主教面前承諾，他不會主張或維護哥白尼首次提出的理論。

到目前為止，他都信守承諾，沒有在天主教會內部引發大騷動。但是，伽利略遙望地平線，看著霞紅的落日餘暉，陷入深思。對幾乎所有人來說，太陽橫越天空的運行，足以證明太陽繞著地球轉。然而，有件事情一直讓他隱隱不安。如果他對真理保持沉默，那麼他還算什麼科學家？他如何能繼續忍耐下去？科學的真理就是上帝的真理，他認為兩者都一樣神聖。他知道自己必須動筆，寫出他想要寫的那本書。真正的問題在於，要如何在完成這本書的同時不惹來麻煩。

六、七十歲左右的伽利略。

伽利略準備動手寫書

伽利略開始寫書，由於知道這是一個敏感的主題，為了緩和爭議，他在書中以三個人物的對話形式討論這個主題（參閱 P139 專欄）。伽利略引導書中的人物辯論地球是否繞著太陽運行，以及地球是否會自轉，並因此創造了白天和黑夜。

伽利略並不期待人們會輕易認同他的觀念。在為他的觀念辯護時，他會運用邏輯，讓辯論更為深入，並藉此引帶出所有的證據，讓讀者自己判斷。最後，最符合邏輯的主張就會勝出，而能夠在長長的辯論之後仍然屹立不倒的觀念，就一定是事實。

最後，在 1629 年末，他終於完成一部讓他極為自豪的傑出作品，那就是《伽利略關於兩大世界體系的對話：托勒密體系和哥白尼體系》（簡稱《兩大世界體系的對話錄》）。1630 年 5 月，伽利略將書稿帶去羅馬，交給出版品總檢查官尼科洛·雷卡迪神父檢視。出版品總檢查官的職責是檢查要印行的書籍，確認書中內容沒有不聖潔或不法之處。內容如果有任何問題，檢查人員會告訴作者哪一段需要修改或刪除，書稿才可以出版。

書的出版遭受重重刁難

出版總檢查官雷卡迪仔細檢視伽利略的書稿，建議修改哥白尼理論比托勒密優越的段落。除此之外，這本書的結論必須較有利於托勒密體系，還要加一篇序文，解釋哥白尼學說的主張在本質上屬於假設。也就是說，伽利略可以討論哥白尼學說，但必須在書的開端就宣告它們只是概念，不是事實。

對於這些修改建議，伽利略沒有任何異議。他的主要目的是看到書出版。他後來寫道：「我不反對把我的這些觀念叫做空想、夢想、謬論或幻想；我願意把全部的書稿交付審查，接受至高聖經和科學的檢驗。」

伽利略這次在羅馬時也會見了教宗伍朋八世。教宗看起來態度友善，因此伽利略沒有起任何警覺之心。同時，夏日陽光愈來愈熱，在羅馬城的高溫下，伽利略開始感到不適。1630 年 6 月，雷卡迪准許這本書在羅馬印行，伽利略於是回到佛羅倫斯。不過，雷卡迪希望書在真正送印之前能再看一下書稿。

伽利略原本打算回到托斯卡尼後，就按照雷卡迪的要求修改書稿，然後交給學識淵博的塞西，也就是山貓學會

相對運動實驗

伽利略的書中充著例子和簡單的示範。他用實際的例子和示範建構他的主張，並說明他的論點。有些是用純綷的數學證明，有些是用實體的實物證明。在一些事例中，伽利略試著證明事物真正的運作原理，和我們從表面上觀察或預想的完全不一樣。伽利略之所以是天才，就是因為他能穿透表象，仔細檢視事物。而在這個實驗裡，伽利略想要說明的就是哥白尼的理論，以及地球的運行方式。

材料：

◆ 一個大碗（碗面直徑約 18 公分）　◆ 水
◆ 中空的塑膠小球（如乒乓球）　◆ 咖啡量匙

把水注入碗中，至高水位。把球放在水裡。雙手各一邊緊握碗緣。現在，彷彿雙手握著方向盤般，把碗猛然向右旋轉。與碗的轉向相較之下，球是往哪個方向移動？

現在，把球拿出來，放入空的咖啡量匙。想像一下，當你轉碗時，會發生什麼事？根據實驗第一部分的觀察，你認為咖啡匙會往哪個方向轉？試試看，咖啡匙實際上是往哪個方向移動？

（提示：以咖啡匙柄做為觀察的參考點。）

的會長。然而，伽利略卻在 8 月 1 日時得知，塞西病了幾天後過世了，這個消息令他震驚又沮喪。雪上加霜的是，黑死病當時正在佛羅倫斯爆發大流行，羅馬和佛羅倫斯之間聯絡不易。塞西是伽利略堅定有力的支持者，他的死亡，似乎也讓政治氛圍轉向。於是，伽利略決定在佛羅倫斯申請出版許可，而不是羅馬。1630 年 9 月，他如願取得佛羅倫斯的出版許可。

但是，伽利略必須先寫信通知他春天時在羅馬交涉的出版檢查官雷卡迪。雷卡迪對於出書計畫的改變感到不悅，但仍然想要再次檢視書稿。由於黑死病的疫情蔓延快速，伽利略無法再次前往羅馬，於是雷卡迪要求伽利略把書稿寄給他。這不是簡單的事。伽利略發現，郵差也幫不了他的忙。根據大公祕書的說法，由於黑死病的爆發，大型包裹在短期內無法跨越托斯卡尼邊境；就連一般的信件要成功送達都已經夠困難的了。

心焦如焚的伽利略不喜歡事情拖得這麼久。這本書早就該印出來了，但是在歷經了塞西的死亡，又面臨著黑死病的威脅，有時候伽利略會覺得這本書可能永遠沒有出版的一天。此時的伽利略已經六十幾歲，他不確定自己還能活多久。他立刻想到，可以只把書的序和修改後的結論寄給雷卡迪。他也知道，如果是自己提出要求，雷卡迪可能會拒絕，於是他轉而請求托斯卡尼駐羅馬大使尼可里尼幫忙，請大使或大使夫人代他向他們的朋友雷卡迪求情。

雷卡迪同意了，只要伽利略能在佛羅倫斯找到一個妥當合適又極得信任的人，就能擔任出版品檢查官，閱讀整本書稿。伽利略選了史代方尼神父，雷卡迪也同意了這個人選。史代方尼讀了書稿，做了一些修改後，同意出版。

伽利略很高興，他認為史代方尼修改書稿「極度審慎」。事實上，當伽

▧ 什麼是真理？

事實（fact）是無可質疑的陳述或資訊，因為它有證據，也可以驗證。但是，從不同的角度檢視，事實可以有不同的解讀。信念（belief）是關於某事物運作原理的個人觀點，無法證明真偽；即使有證據顯示你的立場錯誤，你的信念還是可以不變。理論（theory）是關於某事物運作原理的觀念，可能是根據觀察和事實而來。理論可以經由證明為真實，或是不可信。理論經常會隨著更多事實的發現而修改、更新。

利略聽說史代方尼讀到書裡對「至高權威」的尊崇時，感動到流淚，此事也讓伽利略為之動容。伽利略把序和結論送審，等於完成了他該做的。但是，幾週過去了，雷卡迪卻沒有回音，伽利略因此感到不安。雷卡迪反悔了嗎？這本書要何時才能出版？

托斯卡尼駐羅馬大使尼可里尼又再次為伽利略向雷卡迪說情。雷卡迪原本同意在佛羅倫斯找人審閱書稿，但是突然間他又覺得不妥。雷卡迪問道，史代方尼怎麼可能知道哪些內容會冒犯到教宗？

伽利略聽說出版許可再次被拖延，氣急敗壞。他寫信給朋友，表示「此事如同落入無邊無際的茫茫大海，浮浮沉沉」。3 月時，伽利略寫信給大公的祕書喬里，抱怨出版許可遭遇的延宕，也談到他的心境。他解釋，幾週、幾個月前，他聽說雷卡迪對序和結論滿意極了，要把書稿送還給他。他繼續寫道：

然而，事情還沒有塵埃落定。這本書還擱在角落。我的生命一點一滴的流逝，痛苦不曾間斷……請您親自料理此事，您覺得怎麼做最好，就去做吧！我希望在我有生之年，可以看到我積年累月、嘔心瀝血的成果，可以如我預期般開花結果……仁慈的托斯卡尼大公急切的想知道我的健康狀況，請您轉告他，如果能解除精神上的痛苦糾纏，我的身體健康也就不至於有大礙。

1631 年 5 月，失去耐性的伽利略終於讓雷卡迪用意由佛羅倫斯的宗教審判官艾吉迪歐審閱全書，發給伽利略正式的出版許可。儘管艾吉迪歐有伽利略提供的書稿正文，雷卡迪應該寄來的序和結論卻姍姍來遲。過了好幾週，艾吉迪歐終於收到雷卡迪寄來的篇章了，雷卡迪還附上他的修改指示，以確

伽利略也有錯的時候嗎？

即使是天才，有時候也會犯錯。伽利略聰明絕頂，他的發現和理論幾乎一向正確無誤。然而有一次，伽利略的觀點卻落後他的時代。根據他對彗星的研究，他相信彗星沒有實體，只是陽光的幻影。他的信念其實較接近亞里斯多德對彗星的觀點，而不是第谷和阿皮安對 1577 年彗星的觀察。伽利略在 1623 年出版的《試金者》（參閱 P115）裡發表他的觀察，以回應一名對於彗星有不同的看法的耶穌會教士。

保序文和結論保持一致。

爭議聲起

1632 年 2 月，書終於在佛羅倫斯出版了，這時伽利略 68 歲。新書一問世，伽利略立刻送了一冊給托斯卡尼大公斐迪南。伽利略在托斯卡尼的朋友和支持者都認為這本書是曠世傑作。但是，即使在延遲期間經過修改，內容也變得較為溫和，在教會裡，《兩大世界體系的對話錄》仍然在伽利略的敵人間引起一陣不小的騷動。伽利略特別留了書，送給羅馬的朋友們，但因為黑死病的隔離措施，這些書一直到 5 月才送抵羅馬。在羅馬，伽利略的朋友卡斯泰利閱讀這本新書，讀得津津有味。不久之後，又有八本寄到羅馬，給伍朋八世的姪子安東尼奧·巴貝里尼樞機主教、大使尼可里尼和檢察官雷卡迪。隨著這些書冊的廣為流傳，伽利略的反對者也愈來愈怒火高張。很快地，有人採取了行動。

1632 年 8 月，書商的書突然遭到查扣，羅馬教會命令伽利略的出版商停止印書，並丟棄任何還在庫存裡的書。出版商卻回覆道，所有的書都已經賣光了。來不及阻止書的流傳，裁判聖部一定因此而勃然大怒。

對於這個突發的意外問題，斐迪南大公感到不悅。他要祕書喬里寫一封信（伽利略可能也有幫忙研擬內容）給托斯卡尼駐羅馬大使，要求一個合理的解釋：

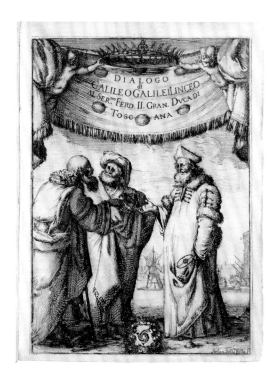

伽利略所著《兩大世界體系的對話錄》的書名頁。

大公十分震驚，這本書已經由作者本人向羅馬的主管機關提出申請，並已按照最高權威機關的指示，完成更正、修改和調整……同時得到羅馬和佛羅倫斯的出版許可，卻在兩年後的現在遭到質疑，並禁止作者或出版商印行……大公深深確信，本書作者忠心維護羅馬教會，除此之外，別無其他企圖……大公相信，這些有如戰爭般討伐伽利略的企圖，完全是由仇恨的暴力和嫉妒所挑起，針對的是書的作者本人，而不是書本身。

問題在於，伽利略之前的朋友教宗伍朋八世相信，書中的辛普力喬這個

兩大世界體系的對話錄

伽利略引頸期盼了那麼久才出版的這本書，內容是一場熱烈的辯論，是以科學壓倒直覺以及亞里斯多德「古訓」的勝利。伽利略在書中藉由薩爾維亞提、薩格瑞多（兩者都是根據真實人物打造）和辛普力喬（虛構人物）三個人物唇槍舌劍的對話，呈現一場針鋒相對的論戰。

薩格瑞多是個思想開放的人，在對話開始時，他的信念似乎是中立的。這個角色是根據一個真實人物所寫成，那就是伽利略在威尼斯同名的朋友和學生。薩爾維亞提是哥白尼理論的信仰者，也是以真實人物為根據，那是一個佛羅倫斯人，是伽利略的學生。第三個角色是辛普力喬，是偏向亞里斯多德的舊派，相信托勒密學說。

他們談到地球、月球、太陽和星星的特質。書中人物提出的主張，正是伽利略自從改信哥白尼學說後，抱持長達 30 年的觀念。伽利略之所以會招惹大禍的一個原因就是，書裡對辛普力喬的主張，著墨和重視的程度，似乎比不上哥白尼信仰者的論點。

伽利略知道他必須由淺入深，循序漸進，鋪陳一連串合乎邏輯的論述，最後導向地球運行無可迴避的真理。第一步是挑戰過去的觀念，也就是認為宇宙裡所有天體都不移動、不變化的主張。伽利略從邏輯切入這個主題，回應他曾遇過所有可能的質疑和反論。在伽利略的筆

下，書中的三個人物鮮活生動，你來我往，彼此辯論。

書中有一幕，薩格瑞多述說一名醫生解剖人體的故事，發現神經是沿著脊椎分布，一路到達大腦，並非像古希臘哲學家亞里斯多德所想的是連接心臟。存疑的辛普力喬說，關於這件事嘛，要不是亞里斯多德的書那麼寫，我會相信我自己眼睛所看到的！

還有一幕，守舊又有點愚拙的辛普力喬對比較有科學頭腦的薩爾維亞提說，地球瞬息萬變，會颳風，會下雨，也有暴風雨，還有植物和動物會生長和死亡。辛普力喬堅持在宇宙的所有星體裡，你都看不到這些變化，因此這些是地球獨有的。宇宙裡沒有新事，舊事也沒有變化。

薩爾維亞提問：那麼，中國和美洲在你眼中必然有如另一個星球囉？因為你看不出那裡有任何變化。

辛普力喬說：那不一樣。中國和美洲太遙遠，因此我無法立刻觀察到任何變化，但我可以聽去過那裡的人怎

伽利略的望遠鏡用於觀測的情景。

麼說。

薩爾維亞提說：啊！如果這些地方已經遙遠到讓你無法親眼觀察任何變化，不妨想想，離我們更加遙遠的月球和其他星球，絕對不可能有人從那裡帶回第一手的消息！如果你連美洲的變與不變都不知道，遙遠星球的情況，你又要從何確定？……此外，對於我們已經觀察到的太陽黑子，以及1572 年和 1604 年的「新星」，你要怎麼解釋？

辛普力喬回答：沒有證據可以證明

這些星星是天體。至於太陽黑子，它們可能是望遠鏡裡的幻影（在伽利略發明望遠鏡後，確實有幾個不信者如此評論）……

接著，辛普力喬再次討論地球的變動，以及宇宙中其他星體的恆固。

薩格瑞多說：浩瀚的天體純綷為了變化移轉的地球而存在，永恆的天體只為一個終會消蝕的地球存在，別無其他目的，這可能嗎？

爭論，繼續上演……

角色是在影射他。伽利略的敵人可能是受到伽利略的死對頭格拉希和施艾那的煽動，不斷給教宗洗腦，讓教宗相信他是書中嘲諷的對象。「這寫的當然是您。您看看，伽利略是如何的嘲諷您，」他們說。教宗因此被激怒了，覺得枉費自己多年來如此支持伽利略。事實上，伍朋錯了：辛普力喬這個角色，其實比較像在諷喻對科學沒有什麼涉獵的教宗保祿五世。但是，一切太遲了，教宗已經先入為主，而伽利略必須為此付出代價。

1632 年 9 月，伽利略收到宗教裁判所的命令，要他前往羅馬報到。尼可里尼去會見教宗，想要和教宗談談這件事，但他發現伍朋八世相當執著己見。尼可里尼提到伽利略年邁體弱、健康不佳時，教宗卻不以為意，說這是伽利略自找的。教宗告訴尼可里尼，如果伽利略要花很長的時間才能來到羅馬，那也沒關係，慢無所謂，「但是他必須來一趟。」

伍朋八世承認，伽利略曾經和他是朋友，多年以來，時常相談甚歡，甚至會一起進餐，但他又補充，這些訴訟是為了「維護宗教和信仰」。

與此同時，伽利略卻為事情的轉折感到心情低落。在經過這麼漫長的等待之後，他的書終於等到出版的一刻，但現在卻陷入如此複雜的情況。他寫信給同輩的數學家切薩雷‧馬西里，訴說他的感受：

在有心人士的狂熱驅使下，迫害變得無止無休。普世調查裁判聖部在十五天前通知我，必須在月底親自向他們報到。這項傳喚令讓我陷入低潮：並非我不希望為自己爭取正義、證明我的清白，並展現我對羅馬教會的熱誠；但是，以我老邁的年紀，加上虛弱的身體，還有長途旅行的愁煩，種種這些

都因為對黑死病的恐懼而雪上加霜，令我擔憂自己無法熬過這趟旅程。

伽利略盡可能拖延啟程的時間。12 月 17 日，他接受三位醫生組成的醫療團隊檢查。醫生發出醫療診斷證明，證明伽利略的健康狀況惡劣。他們的報告提到，伽利略的脈搏每 3、4 下就出現不規則，他的胃很弱，腹膜（包圍內臟的黏膜）因疝氣而損傷，全身上下有各種疼痛，也有憂鬱症患者的沮喪。根據他們的醫療意見，伽利略的病情非常嚴重，任何環境條件的變化都可能危及生命。

遺憾的是，醫療證明無法改變任何人的心意。教宗發出命令給佛羅倫斯的宗教裁判所，說「不再容許伽利略玩弄狡詐手法」。羅馬教廷會派遣自己的醫生去診視伽利略，對他的健康狀況做最後決定。如果醫生判斷伽利略的健康情況可以旅行，伽利略就要立刻戴上鐵鍊，成為犯人，直接押送羅馬。

教宗的最後通牒是最後一根稻草。這下子，伽利略勢必要走一趟羅馬了。在這種情況下，以自由之身自願前往，好過在審判還沒有開始之前，就因違抗教宗以牢犯身分前往。1 月 11 日，大公的祕書寫信給伽利略：

我很難過要通知你一項新的緊急命令，你必須立刻動身前往羅馬。大公已經為你的事盡了全力。但是，你最終還是必須服從教廷的至高權威。大公很遺憾地發現，他完全無法讓你免於這趟旅程。為了你在旅途裡的方便舒適，大公會讓你使用他的轎輿和車夫。

大公祕書的信中說得再清楚且確定不過，伽利略必須立刻啟程。在準備

出發時，匆忙之間，伽利略又寫了幾封信。他顯然對控告他的人非常生氣。他在一封信裡寫道：「耶穌會尊貴的神父，費盡九牛二虎之力，就是要證明我的書比馬丁·路德和約翰·喀爾文（法國清教徒改革者）的書還可恨，對教會更危險。」他在信中憶及他如何盡力辯解，《聖經》必須被排除在所有的科學討論之外。伽利略對自己的處境非常迷惑。首先，他的書是以對話錄的形式寫成，謹慎呈現相互對立的觀點。此外，他知道他已經達成核發出版許可所有的要求。那麼，問題究竟出在哪裡？

1633 年 1 月 20 日，伽利略心不甘情不願的搭上大公的轎輿，離開幽靜的阿切特里，離開他心愛的家。這趟 240公里的旅程既漫長又艱辛。每年的這個季節，山風特別強烈。伽利略穿越颳著風的荒郊野外，隔離 18 天後才獲准繼續前進。由於隔離政策的規定，大公的轎輿在邊境被查扣，不准出境（恐怕染有黑死病原）。因此，托斯卡尼駐羅馬大使尼可里尼派出他自己的轎輿，在森提諾橋與伽利略會合，載著他繼續走完剩下的旅程。2 月 13 日，伽利略終於抵達羅馬。

在教宗的恩准下，伽利略得以住在尼可里尼的家裡。教宗之所以覺得有必要特別開例，完全是因為伽利略與托斯卡尼大公的關係密切。裁判聖部沒有再說什麼，只有指示伽利略必須待在大使的住所。

大使盛情款待伽利略。在羅馬待了幾天後，伽利略開始懷抱希望。雖然情緒仍在內心積壓，但伽利略感到人們對他的怒意日漸減緩，許多指控都化

當伽利略快抵達羅馬時，在他眼前可能出現的景象。

為一項罪名：伽利略違反了 1616 年的命令，不得「主張、維護或講授」哥白尼理論。伽利略說，「以這一點而言，我認為我可以完全證明我的清白。」

2 月 27 日，大使面謁教宗，詢問審判能否快速進行，讓伽利略可以返回佛羅倫斯，但是教宗的回答很冷淡。他說審判遲早會舉行，到時候，審判官會恭候伽利略大駕光臨。教宗告訴尼可里尼，伽利略根本一開始就不該寫這本會引發爭議的書。

日子一天天、一週週的過去。雖然伽利略對於目前的處境感到難過，他還是希望騷動會平息，讓他很快就可以獲准返鄉。3 月 5 日，他寫信給傑利・波奇奈里（他媳婦的兄弟，也是大公的祕書）說，他一直相信，「對我的指控正在慢慢消散……有些因為證據不足，已經完全被駁倒……我們一定要堅持到底，真理會戰勝謊言。」

3 月，尼可里尼再次嘗試，請教宗免除伽利略延宕中的審判，但是教宗拒絕了。「願上帝憐憫他。」伍朋八世告訴尼可里尼。尼可里尼大使想要為伽利略爭辯，但只是惹得教宗更加生氣。教宗說，伽利略必須等到審判才能為自己辯護。

這時，斐南迪二世寫信給十位擔任裁判聖部審判官的樞機主教，想要為伽利略先製造良好印象。大部分審判官對於大公的信不為所動，只有班提佛葛力歐和史卡葛力亞這兩位樞機主教多少有所感動。伽利略非常感謝大公的幫忙，寫道：「上帝一定會賜給大公那保護無辜者的獎賞。」

羅馬觀景園裡的梵蒂岡花園。宗教裁判所位於梵蒂岡，有許多宏偉的建築和美麗的花園。

1633 年 4 月 12 日，起訴人終於準備好審訊伽利略。伽利略來宗教法庭副庭長以及兩位檢察官面前，回答幾個初步問題。他被問到 1616 年時在羅馬時發生的事。他回答他被告誡哥白尼的主張違背《聖經》，因此他不能講授哥白尼學說，或主張它是事實，只能把它歸為臆測中的理論。

　　審判官很認真的聽伽利略說完，然後開口了。他告知這位老科學家，根據實際命令的紀錄，伽利略不可以「主張、維護或講授任何相關意見」。伽利略說，他不記得樞機主教口頭告訴他的話是否與此一字不差。然而，他提交了 1616 年 5 月 26 日貝拉爾米諾樞機主教寫給他的短箋（參閱 P115）。主教的信裡只有「不能維護或主張」等字詞。他告訴審判員，在這件事上，他仰賴這封證明信做為依據，以它提醒自己所受到的限制。接下來是一個關鍵問題。審判官問伽利略，在申請這本書的出版許可時，他是否曾告知雷卡迪關於約束他的命令一事。

　　伽利略回答，他沒有想到必須這麼做，因為他的書沒有違反命令。它是關於兩個不同體系的觀念對話，不但沒有證明哥白尼的理論，反而曝露了它的缺失。審詢到此為止，伽利略回到讓他居留的三個寬敞房間。他需要活動身體、伸展四肢時，可以在建築的廊道來回走動，但是不能外出。

　　4 月 25 日，伽利略臥病在床。他寫信給波奇奈里：「我現在比以往更加希望能證明我的清白和我的誠心。寫到這裡，我感到痛苦不堪，所以在此停筆。」幾天後，審判官菲倫佐拉神父來拜訪伽利略。他來訪的目的是要伽利略公開承認他為哥白尼理論辯護，因為這麼做可能會對他比較好。

　　同時，由三名神學專家組成的小組檢視了證據，也對這件案子做出了結

論。奧瑞奇、英科佛、帕斯瓜力哥這三名專家似乎在幾個關鍵點上達成共識。其中一點就是伽利略似乎不只講授、討論哥白尼理論，還相信它不只是理論，而是真理。專家小組表示，書中的論述略偏向做成定論，有點過度具有說服力，而沒有嚴守立場，視哥白尼理論為假設。最重要的是，小組認為，伽利略可說確實違返了 1616 年給他的禁令。

4 月 30 日，伽利略回到法庭進行第二場審訊。這一次，他展現出更深的悔意。他解釋他在近兩年首度徹底檢視這本書。他承認，書中某些地方，確實可能會讓讀者誤會。書中那些肯定哥白尼理論的說詞（太陽黑子和潮汐的存在），「若是出自未定論者之口，對讀者的說服力和權威性，將遠為薄弱得多。」

談及這個想法，伽利略加以補充，如果有機會，他可以更深著墨於哥白尼理論的錯誤之處。他說，「對於那些為錯誤和違規的見解而辯護的論點，我一定會逐一批判。我會本著從上帝而來的啟示，以最堅定的態度駁斥它們。因此，我請求至高的法庭，以英明的決議助我，讓我能盡一己之力，能將此付諸實踐。」

令伽利略驚訝的是，他獲准回到大使尼可里尼家居住。他接受了西埃那的皮科羅米尼大主教的邀請，在他返鄉的途中在大主教那裡停留，等待黑死病的災難過去。

皮科羅米尼寫信給伽利略：「就我所知，在羅馬城，事情的進展緩慢，也因此我才能有這個榮幸，於稍遲之時，在寒舍迎接您的大駕光臨。」

5 月 10 日，伽利略接到通知，說他可以準備抗辯陳詞，交給法庭做為呈

堂證供。於是，他再次強調貝拉爾米諾樞機主教在 1616 年 5 月所發的證明信，信裡只提及不能主張或維護哥白尼理論。伽利略告訴法庭，因為有書面的證明信，他對 1616 年 2 月的口頭命令就沒有多想；「不能講授」及「以任何方式」等字句，在他的記憶裡已不復鮮明。在抗辯陳詞的結尾，他希望法官能大發仁慈，他提醒他們，這整起事件已經剝奪了他的健康和未來：

> 我懇求您能考量一個七十歲老人健康衰弱的悲慘處境。10 個月以來，我在精神上飽受焦慮侵擾，在最惡劣的季節裡忍受長途艱辛旅程的疲勞，如此折騰了大半年，我的健康也隨之流失殆盡，大不如前。

6 月 21 日，伽利略再度出庭。他們單刀直入的問伽利略：他是否曾贊同哥白尼理論？高度保持警覺的伽利略，必然也感受到他的回答的重要性。他表示，在 1616 年之前，他對兩種理論一視同仁，但後來因為肯定「至高權威的智慧」，因而相信托勒密體系。法官不相信他的回答。他們說，由於伽利略寫下《兩大世界體系的對話錄》，他一定曾經贊同禁忌的觀點。

伽利略堅稱事情並非如此：「我的目的是更清楚的聲明，沒有一項主張足以成為定論，也沒有任何意見能高於另一個意見……我摸著我的良心保證，自從主管機構做成決定以來，我就不曾認同受到至高權威譴責的學說。」法官現在決定採用威脅手段，對伽利略酷刑逼供。在裁判聖部一份日期為 6 月 16 日的文件裡有記載：「裁判聖部下令行刑，審訊伽利略，找出他真正的意圖。」伽利略在恐懼下再次堅稱，自從 1616 年的禁令發布以來，他就不曾認同哥白尼的理論。伽利略的審判在此進入尾聲。

宣判時刻

1633 年 6 月 22 日，伽利略被帶到聖馬利亞修道院，那是一座美麗的哥德式建築。他穿著悔罪者的白袍，那是犯人的衣著。伽利略在審判團前跪下，一個嚴肅的聲音響起，緩緩朗讀樞機主教團的意見：

你，伽利略，已逝者佛羅倫斯人士文森佐・伽利萊之子，現年七十歲，曾於 1615 年時遭裁判聖部譴責，將許多人傳講的錯誤學說當成真理，認為太陽是世界固定不移的中心，認為地球會移行……

你的學生無數，你向他們講授這些錯誤的學說；你和某些德國數學家保持聯繫；你也發表有關太陽黑子的書信，信中也主張這些學說為真理；對於《聖經》裡與這些學說相斥的觀點，你根據自己的概念加以解讀。在此呈上一份據稱是你所寫的信件……信中贊同哥白尼的立場，包含各種違背《聖經》真義和權威的主張。

對於你造成的失序和破壞，本庭希望採取行動……這些學說不斷增深對神聖信仰的偏見：我們奉教宗的命令關於日心說與地動說，資歷卓著的神學家的決斷如下：

你主張太陽是宇宙不移的中心，這種觀念在哲學上不但錯誤，而且荒謬，更是異端思想，公然違逆《聖經》文獻。你主張地球不是宇宙的中心，並非恆常不移，而是會移動、會自轉，這種觀念在哲學上也是同樣荒謬而錯

誤，被視為信仰的錯誤。

　　由於對你存有一念之仁，在 1616 年 2 月 25 日，裁判聖部在教宗面前決定：請尊貴的貝拉爾米諾樞機主教命令你，你要完全脫離並禁絕這個錯誤的學說。你不能講授、主張或維護這個學說，如果不服從，就要遭受禁閉。為了執行前述命令，第二天，主教在溫和的勸戒你之後，你收到通知，指示你應該完全棄絕前述的錯誤學說，此外，不管是經由口頭，或是經由書信，你都不能以任何形式支持或傳授這些學說。你在答應遵守之後，獲准離開。

宗教裁判所裡的伽利略。

　　這個冥頑的學說必須根除，防止蔓延。針對討論哥白尼理論這種錯誤思想的書籍，禁書審定院發出禁令，因為它們完全背逆《聖經》學說。

　　然而，佛羅倫斯去年出現了一本新書：《兩大世界體系的對話錄》。裁判聖部接到通報，這本書導致地動說、日心說等錯誤見解，又開始死灰復燃。在仔細審閱這本書之後，我們認為這本書公然忤逆你所接到的禁令，因為你為那被譴責為錯誤的見解辯護；你卻在那本書裡運用各種詭詐，說它在書中處於未定之論，只是可能的臆測。然而，這實在是大錯特錯，因為任何與《聖經》對立的見解，絕不可能有任何可以商量的空間。

　　依照本法庭的命令，你在發誓下承認寫作、出版《兩大世界體系的對話錄》。你坦承，大約 10 或 12 年前，你在接到前述禁令後開始寫作這本書。你

為這本書申請出版許可，卻沒有告知，你受到禁令約束，不得以任何方式主張、維護或傳授這些學說。

你也坦承，這本書的寫作，在許多段落有誤導讀者形成錯誤觀念之虞；閱讀本書的讀者，會傾向信服哥白尼的觀念，而不是推翻……

本庭也給予你充分的餘裕，讓你為自己辯護。你提供的是德高望重的貝拉爾米諾樞機主教所發出的一張證明信。此信是為了駁斥仇敵對你的中傷，因為你的仇敵指控你公開棄絕信仰，並受到裁判聖部的懲罰。證明信提到，你並沒有公開棄絕信仰，也沒有受到法庭的懲罰，有的只是教宗和禁書審定院對你的宣告，禁止你維護、主張地動說和日心說，因為它們背逆了《聖經》。在這張證明信裡，沒有提及，不得「講授」和「以任何方式」等字詞，而你想藉此說服本庭相信，在禁令發出後的 14 或 16 年的期間裡，你完全不記得這些詞語，因而在申請著作出版許可時，對於禁令隻字未提。

但是，你這份用以自我辯護的文件，其實是自打嘴巴。因為證明信裡聲明，哥白尼學說違反《聖經》，而你竟膽敢闡釋並指稱它有可能成立。

雖然你隱瞞約束禁令一事，以巧詐手段得到出版許可，你仍然難辭其咎。由於你蓄意隱瞞事實，我們不得不進行嚴格的個人審查。在審查過程中，你也恪盡天主教徒的本分，盡己回答。因此……我們在此達成對你的最後判決：

我們在此宣判，裁判聖部認為，你有異端的嚴重嫌疑，你相信與《聖經》背道而馳的錯誤學說，主張日心說，認同地動說……因此，你必須根據教規，接受譴責和處罰……但是，本庭樂意赦免你，只要你以一顆誠心，沒有

隱瞞或保留，在我們面前宣告棄絕、停止、鄙棄前述的異端思想和錯誤學說，以及所有其他有違天主教、先知和羅馬教會的異端思想和錯誤學說。以此前提，本庭對你的處置如下：

你因錯誤而造成的危害並犯下的重罪，難逃懲罰。在未來，你必須更加謹言慎行，做為他人的前車之鑑，引人時時警惕。本庭也要昭告天下，《兩大世界體系的對話錄》是為禁書。

你的監禁刑期將另行擇期判決。此外，你必須每週朗讀7篇告解詩一次，為期3年，以為悔過，也於你自己有益。

對於前述的處罰和悔過，本庭對全部均保留減少、修改或增加的權利……

樞機主教向伽利略宣告，他們認為他想要欺哄教廷，假意讓兩個體系的討論保持開放，讓讀者自行決定孰是孰非。這一切，伽利略聽在耳裡，心中對羅馬有無限的沮喪和憤怒。這篇宣告長篇大論、鉅細靡遺。主教們似乎對他的書非常憤怒。他的人生因為一本他寫的科學書，就這樣戛然而止，這一切聽起來實在太不真實。畢竟，他從來無意招惹教會。這不是一本宗教書，書裡沒有提到教會，也沒有提到教宗。但是，他們說得一清二楚：他們希望拿他做為警惕，讓別人引為借鏡。

他們說的監禁又是什麼？幾天前，他根本無法料想事情會發展至此。他還以為自己會帶著清白返家，洗刷一切罪名。但是，他不能再想了，他必須遵照指示，道歉並放棄信念。

伽利略之謎

伽利略死後，隨著時間過去，關於他在羅馬被囚、被刑求的謠言四起。有人說這種事從未發生過，也有人說伽利略被關在宗教裁判所的監獄長達數週，但事實上，他是舒適的待在一般公寓幾天後，回到托斯卡尼大使的宅邸。另一個傳說是，伽利略被宗教審判官弄瞎了眼。

另一個常見的傳說是，在他被迫在法庭宣告棄絕他的信念後，他輕聲嘀咕道：「但它就是會移動。」他說過這句話的可能性很低：此一傳說是在他死後才出現的。

伽俐略棄絕哥白尼學說

宣判之後，伽利略按照指示，宣讀一份為他準備好的道歉與棄絕（表示他收回他說過的話）聲明。他必須在審判院排排坐好的成員面前下跪並宣讀聲明，以免招致更嚴重的懲罰。伽利略以顫抖的聲音唸著：

我，伽利略，佛羅倫斯人士文森佐・伽利萊之子，現年七十歲，在此接受貴法庭的審判。我在尊貴崇高的諸位面前屈膝下跪，雙手按著《聖經》起誓；我發誓在過去、現在以及未來，相信天主教和先知教會所主張、宣講和教導的所有事物，願神幫助我。我曾知悉本庭對哥白尼學說的譴責，指責它與《聖經》背道而馳；我也曾接獲禁令，必須完全棄絕日心說與地動說，不得以口頭或書面等任何形式主張、維護、教授這些錯誤的學說。儘管如此，我確實寫作並出版一本著作，討論已遭駁斥的哥白尼學說，並提出有利於它的辯證，沒有提出導正。法庭判我有涉嫌重大，抱持異端思想，也就是主張並信仰日心說和地動說。

因此，對於我抱持異端的重大嫌疑，為了清除各位以及虔誠教徒心裡的疑慮，我在此秉持誠心，內心毫無保留，以詛咒、鄙棄前述的錯誤學說和異端思想，以及所有違逆聖天主教會的謬論。我發誓，在未來不管是演說或寫作，我都不會講述或主張任何會讓我招致類似嫌疑的事物，而我如果知道任何異端或疑似異端人士，我也會通報裁判聖部，或是向我居住地的宗教審判

官或教區首長舉發。此外，我也發誓並保證，遵守本宗教法庭對我施行的懲罰。如果我違背了前述任何承諾、聲明或誓言（上帝必不願我沉淪），我願受到教會依法政及法令對違者施以的所有懲戒。願上帝與我現在雙手按著的《聖經》幫助我。

我，伽利略，願遵守前述的棄絕聲明、誓言和承諾。我憑藉著真理，雙手呈上我已逐字朗讀的棄絕聲明。以上宣告，1633 年 6 月 22 日，於羅馬的智慧修道院。

伽利略服刑

伽利略和他的理論受到的譴責和羞辱，似乎終於讓伍朋八世覺得心滿意足。他決定，伽利略不必關進任何真正的監牢或地牢監禁。他服刑的第一個地方是托斯卡尼大公靠近羅馬的別墅；但是，伽利略不希望在羅馬附近停留。於是，他鼓起勇氣寫信給伍朋八世，請他網開一面：

伽利略在此謙卑的祈求尊貴的閣下，指派另一個居地做為我的囚禁地。您可以選擇佛羅倫斯任何一處您中意的地方。我之所以提出這項要求，有兩個原因。第一是我惡劣的健康狀況；第二是我要供養從德國帶著 8 個子女來投靠我的弟媳（伽利略的弟弟米開朗基羅在 1631 年死於德國，身後留下妻子和子女），我是唯一能接濟他們的人。不管您做任何決定，我都會感激在心。

皮科羅米尼家族

阿斯卡尼奧·皮科羅米尼大主教（1597-1671）來自一個古老而尊貴的西埃那家族。他的族譜上有兩位教宗〔庇護二世（1405-1464）和庇護三世（1439-1503）〕、一位帝國將軍屋大維（1599-1656），還有亞歷山得羅·皮科羅米尼（1508-1578），他是位作家、哲學家和天文學家，曾在 1540 年發表星座圖集。這個家族也出過許多男爵、公爵、伯爵和親王。大主教認同伽利略的理論，在伽利略停留在西埃那的五個月期間，盛情款待伽利略。

同樣一個著名的家族裡，伽利略認識的另一名成員是住在佛羅倫斯的皮科羅米尼，他是托斯卡尼大公軍隊的將軍。

教宗的主要目的是看到世人疏遠伽利略，至於他待在哪裡倒不重要。雖然伽利略希望返回佛羅倫斯地區，教宗最後卻決定要他去佛羅倫斯南方約 55 公里處的西埃那。在那裡，伽利略的朋友皮科羅米尼有權有勢，伽利略可以住在他寬敞的宅邸。皮科羅米尼自 1628 年起擔任西埃那的大主教。大主教從年輕時就仰慕伽利略。7 月 6 日，伽利略啟程前往西埃那，他的健康狀況還能容允他走六公里。伽利略在 1633 年 7 月 9 日抵達西埃那，受到皮科羅米尼溫暖的款待與致敬。

伽利略在 7 月 27 日寫信給喬里：「今天，在監禁六個月而積壓的沉悶心情驅使下，我提筆寫信給你。比起前一年的愁煩和憂慮，監禁更加令人沮喪……我被遣送至大主教的宮廷，這 15 天以來，我得到大主教仁慈的款待。」

在這段期間，伽利略會在健康允許的限度下，藉機進行一些科學實驗。一名佛羅倫斯的年輕人，在伽利略一位朋友的推薦下，向他請教一些數學問題。伽利略很開心能藉著這些問題「為我的思考打開全新方向」。他發現朋友對他仍然極度推崇，懊喪似乎因此減輕。他每天仍然會忍不住想起，他是不自由之身。在教會的規範下，伽利略不能離開大主教的宮廷，隨皮科羅米尼前往夏日別墅。

伽利略的女兒寫信告知阿切特里老家的景況，讓伽利略更加強烈渴望回到佛羅倫斯。她告訴他，園子裡的檸檬、橘子和梅子都熟了，豆子等著採收，鴿子也可以宰烹了。她為伽利略無法身在阿切特里而感嘆，思索著能否做些什麼，讓伽利略從被囚禁在西埃那的情況中解脫。瑪麗亞·瑟蕾絲特收到一份父親的正式判決書，甚至開始為父親誦讀懲罰裡的告解詩。

每天早上，年邁體衰、渾身病痛的伽利略醒來，意識到自己是在別人家裡，不禁悲從中來。他請尼科里尼提出返回阿切特里的要求，但被拒絕了。尼科里尼知道，這整起審判在大眾心裡的印象仍然過於鮮明，太快提出要求只是徒勞。伽利略在西埃那待了漫長的 5 個月。到了 12 月，他似乎覺得自己返鄉無望，寫道：「我等待羅馬的決定，但我對好消息不抱任何一絲希望。」

最後，也是在 12 月，他獲准搬回他在阿切特里的莊園。那座莊園名叫喬耶洛（意思是「珍寶」），距離佛羅倫斯只有 1.5 公里。這時，佛羅倫斯的瘟疫終於消退，伽利略也可以放心回去。伽利略的莊園座落在山丘上，有美麗的果園和葡萄園。建築物本身有一座「塔」，那是伽利略用望遠鏡觀察夜空的地方。根據教宗的指示，他不能馬上接待太多訪客，必須安靜休養。伽利略回到家，真是開心極了！返家後不久，他寫到「能夠再次呼吸到可愛家鄉佛羅倫斯健康的空氣」，何等美好。

19世紀時西埃那的景象。圖中右上方的教堂和相連的宮廷就是伽利略的居所。

瑪麗亞‧瑟蕾絲特逝世

瑪麗亞‧瑟蕾絲特的健康狀況非常不好。修道院極端惡劣的環境對她沒有任何幫助。在那樣的環境裡，一點鼻塞也會變成嚴重的纏疾，一點咳嗽就會演變成致命的重病。1633 年底，瑪麗亞‧瑟蕾絲特曾試著讓父親對她即將來臨的死亡有所準備。事情一直沒有好轉。在 1634 年 3 月，瑪麗亞‧瑟蕾絲特感染了痢疾。在當時，這是一種會致命的疾病。她在 4 月 1 日過世，享年三十四歲。

伽利略十分哀痛。雖然他歷經被判軟禁的打擊，但失去摯愛且如此年輕的女兒的傷痛實在令他難以承受。他認為，她的死亡有部分是因為自己離家太久，她的健康因為憂愁而急遽惡化。他寫信給朋友，說他聽到女兒從天堂呼喚他，他相信自己也不久於人世了。

後來，伽利略寫信給朋友，談到女兒死去的情況：

在我離開的期間，她因為相信我身陷凶險，因而深深哀愁，而損害了健康；她最後身染痢疾，6 天後就離開人世。無可言喻的憂傷仍然綑綁著我，而有件事更加重了我的憂傷：

〔3 月，在探視病重的她之後，〕我在照顧我女兒的醫生陪同下，從修道院回家。他警告我，她極有可能熬不過明天。抵達家門時，我看到宗教裁判所的教區主教正在等我。他帶來一封巴貝里尼樞機主教的信，向我傳達來自羅馬裁判聖部的命令……

由於伽利略的健康愈來愈糟，他請他信任的盟友，也就是托斯卡尼大使，請求教宗准許他搬進佛羅倫斯市，這樣他才能得到符合需求的醫療。那年 3 月的某一天，他看到有位樞機主教在他的莊園等他，交給他一封信，徹底否決他的請求。

投射物實驗

伽利略對於軍事問題很有興趣，包括碉堡工事，還有投射物的運動。這項活動就是要讓你觀察伽利略證明的一項理論：投射物在空中的運行路徑為拋物線，也就是開口曲線。

材料：

◆ 空地或公園遊樂場
◆ 網球或小皮球　◆ 一位朋友
◆ 筆記本　◆ 筆

到空地或公園遊樂場，選一個要丟投射物（球）的方向，請朋友站在投球方向約 45 度角的地方，離你大約 12 公尺遠。把球瞄準大約比你高 1 公尺處後投出，愈用力愈遠愈好。請朋友觀察並畫下投射物往上拋射以及往下掉落地面的路徑。

現在，請朋友站得離你近一些，但仍與球的路徑保持 45°角。這次瞄準前方約 4.5 公尺、約比你高 3 公尺的想像點。請朋友再次觀察並記錄球的路徑（稱為「軌道」、「彈道」）。相較於大炮射出的炮彈或槍射出的子彈，網球的速度相對較慢，因此較容易觀察。雖然這些「真

正」的射擊物比一般球的速度快、距離遠，它們仍然遵守一樣的法則。

投射器是古時候就在使用的發射系統，依靠的就是投射物在空中發射長距離時的「弧線」效果。操作投射器的人必須找出要在哪裡架設設備，才能達到最高的目標命中率。

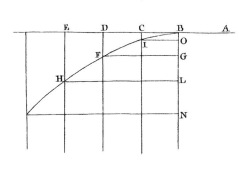

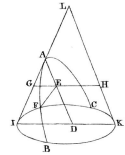

其實，巴貝里尼樞機主教就曾告訴伽利略，這種事連問都不必再問。伽利略寫道：「我必須放棄請求回到佛羅倫斯，否則他們會要我回到羅馬，把我關進裁判聖部真正的監牢。」

四面楚歌

伽利略相信，他的敵人仍在謀畫要讓他的人生更加悲慘。他提及敵人為了反制他而採取的種種「戒備活動」。1634 年發生了一件讓伽利略非常生氣的事。有一封寄給他的信遭到攔截，送到巴貝里尼樞機主教那裡，幸好那封信的內容對伽利略無害。還有一個例子是他聽到一個好朋友說起一份報告，那個朋友曾和羅馬學院的數學家葛林柏格神父談過話。葛林柏格神父說，伽利略若是有羅馬學院耶穌會神父的庇蔭，也不至於惹來橫禍，還可以恣意寫作，即使要討論地動說也沒問題。

伽利略如此說他的橫禍：「我被迫害的原因，並不是因為我發表了什麼意見，而是因為我讓耶穌會顏面盡失。」讓伽利略更惱怒的是，來自維也納的耶穌會神父英秋弗在羅馬出書表示，地動說是最令人反感、邪惡至極的異端邪說。英秋弗是禁書審定院伽利略著作審查小組的神學家。1634 年 7 月，伽利略寫信給朋友迪奧達提：

〔英秋弗寫道〕不管是學術授課、公開討論或印行書刊，所有違反訓示信

條、聖靈不朽、上帝創造天地、基督道成肉身等的言論，都可以容忍；唯有地心說不可侵犯……這項信條的神聖是如此至高無比，不容討論和批駁。

研究工作似乎是伽利略在絕望裡的救贖。它占據伽利略的心思，給他活下去的理由。換句話說，他認為只要他還活著，就不應該浪費時間，於是他選擇努力工作。他的心裡還有許多新鮮的構想在滋生並成熟。《兩大世界體系的對話錄》並不是他最後的一本書。他在健康情況允許下，仍不斷展開其他計畫和實驗。

即使受到天主教會的譴責，他身為卓越知識分子的聲望早已傳遍天下，吸引許多人的注意。瑪麗亞‧瑟蕾絲特在過世前一年曾寫信給父親，向他保證他的地位仍然如故：「即使有那麼短暫的一刻，你的名字和聲譽蒙上烏雲，現在也已經恢復，而且比過去更加燦爛奪目。」

在伽利略退隱期間，從朋友和其他人而來的關注，似乎證實瑪麗亞‧瑟蕾絲特的話是對的。1634 年，有位正在周遊歐陸的英國哲學家來拜訪伽利略。這個人名叫霍布斯。與伽利略的討論讓年輕的霍布斯極為震撼，後來他把伽利略的某些觀念融入他的哲學著作。他相信人類的生命嚴格受制於人類在空間（涉及幾何學和物理學）和人際關係（倫理學和政治學）的移動能力。霍布斯最知名的著作是 1651 年出版的《利維坦》，討論的是政治哲學。

雖然伽利略因遭受判決和健康惡化感到沮喪，在他心裡，他知道他並沒有違逆任何真正的基督教義，也沒有真正傷害到教會。他覺得他的良心清白無虧，他知道他是無辜的，這給了他安慰。

因與伽利略會面而受到影響的托馬斯‧霍布斯。

Chapter 7

伽利略的晚年

「**我**臥床已經 5 週，氣力殆盡，」1637 年 7 月 4 日，伽利略寫信給他的朋友兼贊助人迪奧達提說道。他接下來寫道：「此外，更讓我悲傷的是，由於我經常流淚，我的右眼已經完全看不到……另一隻眼，本來就不好，現在也不中用了。」

伽利略看著鏡中的自己，他已經一眼失明。鏡中回望著他的是個老人，前額布滿皺紋，雙頰微微凹陷，一頭稀疏的灰髮，滿臉灰鬍鬚。此時是 1638 年，伽利略已經七十四歲。許多他在大學時期認識的熟人和朋友都已經去世很久。克卜勒在 1630 年逝世，他的好朋友和支持者塞西也是。其他人也相繼離世，包括他鍾愛的女兒瑪麗亞・瑟蕾絲特也在 1634 年離開人世。日子一天天如往常般流逝，但是再也不復以往那般充滿希望。

伽利略最後的著作

現在，幾近全盲的伽利略體會到他的處境有多麼諷刺。那雙曾經凝望穹蒼深處的眼睛，那雙曾經耗費無數個小時從他的望遠鏡窺探天空的眼睛，從今以後要永無用武之地了。他再也不能研究太陽和行星。他即將進入漫漫無止盡的黑夜，只是，這個黑夜沒有月亮，也沒有星星，只有無邊無際的黑暗。

他再次提筆寫信給迪奧達提，提到他的絕望處境：「我曾用奧妙的發現和清晰的解釋，把世界拓展千百萬倍，超越過去智者所信所想，但是從現在開始，這個穹蒼、這個地球、這個宇宙將縮小成一個小小的空間，只容得下我自己身體的感覺。」

伽利略所有的光學研究，所有用以放大物體、集引光線的鏡片，沒有一樣能幫助他恢復視力。偶爾，他還是會燃起希望，相信視力可能恢復，但最終他還是接受了事實，他已經失明，而且餘生都無法復明。

就在他失去僅存最後一點視力的幾週前，伽利略完成了他對天體最後的研究，找到證據證明月球會隨著與地球的相對位置變化而在它的軸心上「游移」（晃動）。沒錯，宇宙裡還有挖不完的寶藏。但是，他必須讓別人接手他的工作了。

不過他還是很高興，能在完全失明之前完成最後一份手稿——《兩種新科學的討論及數學證明》（簡稱《論兩種新科學》）。他認為這是他的傑作，甚至勝過那本讓他遭受軟禁的書。他把這本書獻給仁慈的諾埃爾斯伯爵，他

是法國駐羅馬大使，也是他之前在帕多瓦的學生。

但是，礙於他所受刑罰的規定，他不能在義大利出版這本書。幸好《論兩種新科學》的書稿被人私下帶出義大利，於 1638 年在荷蘭阿姆斯特丹出版。伽利略知道，視力衰退的自己，應該是無緣逐頁瀏覽那本新作了。他想，如果上帝要奪走我的視力，那就這樣吧！但是，這不能阻止他運用心智和想像力，在人生剩下的年歲裡繼續研究科學。

伽利略的巔峰之作

在《論兩種新科學》一書中，伽利略討論的是和天文學無關的物理學問題。這本新書的寫作方式再度是三個人物的對話錄，而那三個人物正是 6 年前為伽利略惹來許多麻煩的三個角色：薩格瑞多、薩爾維亞提和辛普力喬。新書滿紙談的都是數學和物理學，沒有任何內容會在教會裡引發爭議。但是，伍朋八世在當時仍然是在位的教宗，因此伽利略在書中再次起用辛普力喬，還是相當大膽。

這本書裡的對話一共為期四天。第一天的討論是關於固體抗拒外力的強度。第二天是討論內聚作用的成因（彼此結連的分子）。第三天是討論等速以及自然加速度。第四天則討論受迫運動以及拋體運動。

儘管年紀老邁，伽利略仍決心挖掘許多物理問題的真理。他的許多觀察對於未來的工程師和建築師非常實用。材料的強度是伽利略關心的主題之

1947 年，德國名作家布萊希特（1898-1956）完成了劇作《伽利略的一生》。布萊希特最知名的作品是他 1928 年的音樂劇《三文錢的歌劇》。

《伽利略的一生》劇中有超過 50 個角色，包括科西莫二世、伽利略的女兒薇吉妮亞（瑪麗亞·瑟蕾絲特）、威尼斯總督和三位樞機主教。雖然這齣劇作涵蓋了伽利略大部分的人生，它的重心是伽利略的天文發現，以及因為出版他的科學發現而引發的宗教審判。這齣戲劇以伽利略最後的手稿做為結束，也就是被私藏帶出義大利邊境的《論兩種新科學》。

這齣戲劇在美國首演時，由演員查爾斯·勞頓〔Charles Laughton，以在電影《叛艦喋血記》中的角色而知名〕飾演伽利略。

加速度運動

一個多年來讓伽利略感興趣的主題就是物體的加速度運動。物體在空中落下，並不是以等速度運動。它落下的高度愈高，加速度就愈大。這個活動單元就是要讓你觀察這個現象。

材料：
◆ 小木棒（短於 60 公分）
◆ 尺（約 30 公分）◆ 磚塊
◆ 鉛筆　◆ 筆記本

在室外找個地面鬆軟的地方。把木棒插入地面立穩。量一下露出地面的木棒長度。把磚塊從木棒上方約 2.5 公分處讓磚塊落下。木棒是不是被敲得更深入地面？量一下木棒露出地面的長度。用鉛筆在筆記本上寫下測量結果。接著，拔出木棒，換個地點，以原來的深度插入地面。這一次，讓磚塊從木棒上方約 7.5 公分處落下。記錄木棒被磚塊打進地面的深度。重複一次，重新插好木棒，磚塊落下的高度提高為木棒上方 15 公分。小心不要被磚塊砸到腳！繼續實驗，分別讓磚塊從木棒上方 30.5 公分、50 公分處落下。

伽利略想要證明，物體的作用力不只和重量有關，也和速度有關。此外，他還想更進一步證明自由落體的速度不是固定不變的，而是在落下時會不斷增加。物體從高處落下，作用力大於從低處落下。因此，磚塊從木棒上方 15 公分處落下時，木棒被敲進地面的深度，不會是磚塊在 2.5 公分處落下時的6倍，而是超過6倍。

一。他注意到，建造任何極度龐大的物體，如船隻、宮殿或教堂，都會面臨實體上的限制。大自然裡的樹，再怎麼高大也有個限度，不然它們的枝幹會被自身的重量壓斷。

他發現木條能夠承載的重量和它的長度及寬度有關，超過限度就會開始斷裂。書裡有張插圖，畫的是從石牆伸出的木條，木條末端有個鉤子可以懸掛重物。如果木條的長度和寬度增加一倍，它能承載的重量並不會也增加一倍。伽利略在書中證明，如果長度加一倍，寬度增加的倍數必須更高才行。

伽利略由此聯想到動物。如果這條法則適用於木條，必然也適用於骨骼。木條的作用就像船隻或房屋的骨架。伽利略寫道，動物的身形愈龐大，骨架就必須愈大，才能承載體重。像是狗之類的小型動物，能背負體重兩倍的重量，比如能背負另外一隻狗；但是像馬或象之類的大型動物，如果要背負一隻同類，很難不受傷。

物理法則顯示，樹和動物的身形大小有一個極限，超過限度就會被自身重量的龐大壓力給壓垮。這項原理也能解釋，為什麼身材高大的人比矮個子更常有背痛的毛病：他們的骨骼構造並不適合承載他們的體重。大自然逃不開物理法則的限制。工程師在設計建築物和橋樑時，就要用到這條法則。例如，吊橋就是以纜繩支撐（懸吊）長木板而成。

《論兩種新科學》裡的插圖，顯示自石牆延伸而出的木棒。

體衰病重仍勞碌終日

1638 年初，宗教審判官法那諾拜訪伽利略，探視他的生活條件和健康狀況。出現在宗教審判官眼前的是一個衰老殘敗的老人。那時的伽利略不但已經全盲，還患有疝氣，除了身體上的各種疼痛，還飽受嚴重失眠症之苦。在法那諾的眼中，伽利略更像是一具行屍走肉，而不是一個活生生的人。

此時，伽利略的訪客人數已經減少很多，隨侍在側的兒子得到指示，不要讓訪客待太久，以免父親太勞累。1638 年春天，伽利略奇蹟似的獲得教宗准許，可以進入佛羅倫斯市就醫。雖然他現在已經七十四歲，又非常虛弱，他還是遭到警告，不准在佛羅倫斯到處走動，也不准和任何人談論他因此受罰的哥白尼理論。

從骨骼的長寬比例可知，大象的相對抗力強度低於小型動物。

大約在這個時候，伽利略收到荷蘭政府對於他之前提案的回覆。兩年前，他向荷蘭政府提案，如何運用木星的衛星找出經度。他還曾暗示他發明了一種方法，可以運用鐘擺提高經度測量的精準度。最初與西班牙政府的協商已經過去多年，現在伽利略只希望找到一雙慧眼，肯定他的構想是有用的。事實上，他甚至不要求任何報酬。或許，讓他覺得煩心的，是這項技術仍然苦無用武之地。

梁的強度測試

根據伽利略的解釋，物質強度取決於體積和形狀，以及承重的方式。在這個活動裡，我們要證明伽利略的理論。

材料：
◆ 木尺

一把標準木尺約為 30 公分長、2.5 公分寬和 0.3 公分厚。伽利略在《論兩種新科學》裡指出，同一把尺的強度會因為拿取的方向而有所差異。用兩手的拇指和食指分別夾住尺的兩端，尺面刻度朝向地面。施力彎曲尺。尺容易變彎嗎？現在把尺面換個方向，變成朝向自己，拇指和食指頂住 4 個邊角。試著施力彎尺。尺容易變彎嗎？你認為哪一種方式能讓尺承載較多重量？

如果要將尺嵌進石牆兩側之間，第二種方式能讓尺承載較多重量，因為支點的寬距愈大，承載能力愈強。以第二種方式持尺，支點是落在約 2.5 公分的線

上。換另一個方向，支點落在約僅 0.3 公分的線上，這時尺的承載強度非常薄弱。此外，尺的承載強度也會因懸掛重物的位置而不同。

將尺平放，手指夾住兩端，試著彎曲尺。接著，一手移至尺的中間，再試一次。然後，一手再更靠近另一手，再看看。當手愈靠近支點，尺的承載強度就愈高。

基於物質的這種特性，建築物、橋梁和其他結構體會以直立的柱子支撐水平的橫梁；梁的強度會在某個長度達到最高。

荷蘭政府花了一段時間討論、辯證伽利略所提方法的優點和可行性。他們指派一個四人委員會檢視這項技術，小組成員裡有兩名數學家和一名地理學家。委員會經過一番辯論，最後在 1638 年 8 月派遣兩名修士，從荷蘭前往阿切特里拜訪伽利略。

修士帶來荷蘭政府的感謝函以及一個禮盒，盒裡裝著金鍊子。他們把信函讀給眼盲又虛弱的伽利略聽，並把金鍊子交給他。伽利略接過信函和禮盒，但是把金鍊子退給使者，他覺得自己不應該接受這份禮物。

然而，伽利略希望他的方法能得到採用的願望，終究沒有實現。在接下來的 9 個月裡，委員會的四個成員陸續死亡，之後荷蘭政府就不曾再對伽利略的方法提起興趣。

天才隕落

伽利略人生最後的日子，是在阿切特里莊園安靜度過。在那裡，有許多人來拜訪他，包括托斯卡尼大公斐迪南二世，以及伽利略在西埃那的朋友皮科羅米尼大主教。1641 年，伽利略再度思考時鐘加裝擺錘以提升精準度的構想。既然他雙眼已盲，自然不可能自己動手實作，於是他囑付兒子文森齊歐負責建造模型。

伽利略儘管眼盲體弱，但一直到人生的盡頭，他都保有那犀利的幽默感。他在一封給一個名叫里努奇尼的人的信裡寫道：

17世紀的世界地圖，已經出現經線的標示。

振動的弦

伽利略的整個童年都沉浸在音樂的薰陶裡。他的父親文森佐是布商，但以高超的音樂技巧而聞名。伽利略很早就展現他的音樂才華，但是父親不鼓勵他走上音樂這條路。「你會像我一樣，明白單靠音樂不能維持生計，」文森佐告訴伽利略，並鼓勵他成為醫生。但是在科學的召喚下，伽利略很快成為知名的天文學家和數學家。不過，他對音樂的熱愛一直沒有消失。他在與父親的音樂初次相遇將近七十年後，用科學理論解釋音波的原理與弦的振動。

材料：

◆ 粗橡皮筋　　◆ 一位朋友　　◆ 吉他

聲音是透過空氣傳導的聲波。聲波振動耳朵的鼓膜，向大腦發送訊號。你可以把聲音想像成水面的波紋。在同樣長度的時間裡，高音的波數比低音多。伽利略在對音樂與聲音的討論裡，指出3種方式，可以改變弦的音調。

1. 弦的張力：用兩手拇指撐開一條粗橡皮筋，請朋友撥一下。再拉緊一些，再撥一下。接下來重複數次，每次都比前一次再拉緊一些。橡皮筋拉得愈緊，發出的聲音愈高。現在，放鬆橡皮筋至原狀。這時，撥橡皮筋所發出的聲音非常低沉，你甚至要把耳朵靠近橡皮筋才聽得到。吉他的弦也是一樣的道理。拉緊時，聲音較高；放鬆時，聲音較低。

2. 弦的長度：音樂的另一個特性是，和長弦相較，短弦發出振動速度較快，聲音也較高。撥一根吉他的弦，然後從吉他的頂端開始，逐次按壓每一格琴衍並撥弦。你會發現，隨著撥的弦長愈來愈短，聲音也愈來愈高。如果你曾經看過鋼琴內部的構造，或是看過豎琴，你可能已經注意到那些弦的長度各不相同。伽利略發現，當弦的長度折半時，聲音會比全長時高一個8度。（8度音對音樂非常重要。Do Re Mi Fa So La Ti Do 是最常見、最具代表性的8度音。）

3. 弦的粗細：吉他弦的長度都相同，每一條弦因為粗細和材質的差異，而產生音調的變化。哪一條弦的聲音最高？是最粗或最細的弦？

約翰 · 密爾頓

密爾頓於 1608 年出生於英格蘭。他靠著廣泛閱讀，自學教育有成。他熱愛閱讀英文、拉丁文、希臘文和義大利文的文學作品。密爾頓是位詩人，大約在 1638 年發表了給朋友的輓歌《利西達斯》。同年，他的父親送他去歐陸旅行一年，接受更高深的教育，並拓展對世界的體驗。就是這次旅行，他在伽利略阿切特里的家裡見到了伽利略。

密爾頓大半輩子都是政治激進份子，曾出版小冊子，鼓吹處決英王查理一世。英國內戰時，他是清教徒派的支持者。他曾發表一篇論文，捍衛出版自由。1660 年，他支持的政治運動失敗，他也受到牽連，遭逮捕入獄。這段期間稱為宗教改革時期。在朋友的奔走介入下，他被釋放，但也被處以高額的罰款，損失了大部分的財產。

除了政治遭受打擊、生活陷入困乏，這時的密爾頓也失明了，這對身為文學研究者和作家的密爾頓來說，特別難以承受。在助理的幫忙下，他以自己口說、助理聽寫的方式，完成了三部偉大的史詩作品。第一部、也是最偉大的一部是《失樂園》（1667 年），述說路西法（即撒旦）如何反叛上帝，以及亞當和夏娃因墮落而離開伊甸園的故事。密爾頓在《失樂園》第一卷寫道：

> 掛在他的肩頭，
> 有如一輪明月，
> 就是曾在傍晚時分的翡索爾丘頂，
> 那托斯卡尼藝術家從望遠鏡裡所見。

詩句裡的「托斯卡尼藝術家」指的就是伽利略：他在佛羅倫斯附近一個名叫翡索爾的小鎮裡，在一座山丘上用他的望遠境觀測天文。

在《失樂園》的另一個段落，密爾頓思索著哥白尼理論的問題：

> 或否太陽是世界的中心？
> 眾星都到太陽的牽引，以種種姿態運行：
> 那六顆行星的漫遊路徑，一如所見，
> 有高，有低，時而隱蔽，
> 或前進，或後退，或有靜立。
> 地球是那第七顆行星，儘管看似如此堅立不移，
> 或否也在不知不覺中有三種移動運行？

《失樂園》公認是英國文學的卓越傑作之一。沿襲著《失樂園》的線索，密爾頓接著寫了《復樂園》，描述耶穌基督在曠野裡受到撒旦的試探；第三部是《力士參孫》。兩部史詩都完成於 1671 年。

密爾頓在 1674 年辭世，死因是痛風的併發症。雖然他的政治觀點不受世人歡迎，他的文學成就卻得到極高的推崇。他最後的幾部作品，主題揉合了文藝復興與宗教改革。這兩股力量，在他人生裡矛盾拉扯，在他的文學作品裡融合，激發出人類史上最偉大的史詩作品之一。

約翰 · 密爾頓。

普天之下的天主教徒都應該反對哥白尼理論。就像聲望崇高的神學家已經解釋過的，哥白尼理論違背了《聖經》神聖不可侵犯的權威；他們眾口同聲的宣告已經證明，地球是宇宙不移不轉的中心，是太陽繞行的中心。哥白尼和他那群盲目的支持者的反論，在嚴謹又權威的聖經面前，根本站不住腳……如果哥白尼的觀察和經驗不足以說服我，那麼在我看來，托勒密、亞里斯德和他們那幫信眾的主張，更加是錯誤和虛假；要證明托勒密體系的錯誤，根本不必花什麼腦筋，也完全無須超越人類知識的極限。

卡斯泰利的學生托里切利（1608-1647）寫的一份手稿讓伽利略讚賞不已，於是伽利略邀請這位年輕人到他家做客。在伽利略過世前幾個月時，托里切利抵達阿切特里。

伽利略一直到他人生最後的日子，都保持積極活躍。1641 年 12 月 20 日，在他辭世前幾天，他寫信給媳婦的家族成員布歐拿米契：

我已經收到您好意的來信；您的信對我是極大的安慰；我病得很重，已經臥床好幾週了。在我最悲慘和痛苦的時候，謝謝您對我如此仁慈，捎來您的關懷。

我現在不缺亞麻布，但還是要特別感謝您關照我的需求。請原諒我的信如此簡短。我在此問候、祝福您，也請向代我向尊夫人問安。

伽利略臨終時，身邊有他的摯友維維亞尼（1622-1703）陪伴，此外還有托里切利，以及老友卡斯泰利。1642 年 1 月 8 日，伽利略在兩個月斷斷續續

托里切利。

的發燒和心臟病痛後，與世長辭，享年七十八歲。在他嚥下最後一口氣時，維維亞尼、托里切利、兒子文森齊歐、媳婦和當地的教士都在他的床側陪伴。伽利略在遺囑裡，把一切都留給兒子。他仍在世的女兒阿坎吉拉只得到一小筆年金。

伽利略原本應該在佛羅倫斯的聖十字聖堂舉行盛大的葬禮，並在此長眠。依照伽利略的遺願，他希望自己能安葬在教堂裡古老的家族墓室。他的遺體從阿切特里被運送到聖十字教堂做葬禮的準備。他的朋友和支持者發起募集，希望能為伽利略立紀念碑。然而，他的敵人卻千方百計阻止這件事。

1642 年 1 月 23 日，教宗伍朋八世正式反對設立紀念碑的構想；他不認為這是適當的舉動，因為伽利略讓教會蒙羞。教會派人傳話給托斯卡尼大公說，因為伽利略過逝時仍在宗教裁判所定的刑期之內，所以葬禮不能辦得盛大風光。最後，伽利略的長眠之地，是聖十字教堂側翼禮拜堂裡一個不起眼的小角落，而且一直到 1656 年才立了墓碑。

畫出擺線

身為數學家，伽利略對於幾何圖形獨特的數學關係十分著迷。有種特殊形狀就引起伽利略的高度興趣：當輪子沿著直線滾動並旋轉一周，輪子上某一點行經的軌跡所形成的線條（稱作「擺線」）。

材料：

◆ 飛盤　◆ 高黏度膠帶
◆ 一段 2.5 公分長的藍色或黑色蠟筆
◆ 75 公分 ×100 公分的發泡板
◆ 一位朋友

用膠帶把蠟筆黏在飛盤邊緣，與邊緣垂直。多用幾段膠帶，貼牢蠟筆，讓蠟筆尖剛好突出飛盤側邊。將發泡板直立，100 公分長的那邊貼著地板。將飛盤直立，側邊緊靠地面，圓面貼著發泡板，讓蠟筆在飛盤底部的外（右）側，與發泡板接觸。接著，請朋友以逆時針方向緩慢而穩定滾動飛盤，直到飛盤轉完一圈，回到底部的內（左）側。

觀察蠟筆在板子留下的軌跡形狀。伽利略認為，這個形狀具有很特別的性質，或許可以有實際的應用，例如橋拱。他希望找出圓和點移動軌跡線之間的關係。他所用的一個方法是剪下擺線圍成的形狀，比較它和圓的重量。他發現，擺線所涵蓋的面積，大約是原來那個圓的 3 倍。

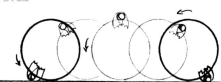

伽利略的學生維維亞尼是寫下伽利略人生故事的第一人，他還將伽利略的書信蒐集成冊，並在伽利略過世 12 年後，也就是 1654 年出版《義大利貴族伽利略的人生歷史故事》一書。佛羅倫斯出生的維維亞尼在遇到體弱眼盲的伽利略時，雖然還只是個青少年，卻和伽利略相處許多時光。他認為自己是伽利略的摯友，也是伽利略偉大傳奇的繼承人。維維亞尼後來成為托斯卡尼大公的宮廷數學家，伽利略之前也曾擔任這個職位。

即使在後來的人生，維維亞尼仍然十分懷念伽利略。1693 年，在他的導師逝世將近 50 年後，維維亞尼寫下長長的篇章讚美伽利略，他把這篇讚美文刻在門前，並在門楣上立了伽利略的半身像。

一直到維維亞尼逝世超過 30 年後，也就是 18 世紀時，為伽利略修墓的

笛卡兒

法國哲學家、數學家和科學家笛卡兒（1596-1650）對天文學有興趣。他比伽利略年輕三十歲，是新一代科學家的代表。事實上，在 1633 年，當伽利略與宗教裁判所爭端的消息傳來，笛卡兒正要出版一本叫做《世界體系》的書。

笛卡兒不想惹麻煩，於是決定不出書。「這件事讓我震驚極了，我幾乎決定要燒掉我所有的手稿，或是至少不再讓任何人看

到。」笛卡兒聽到伽利略的遭遇時，如此寫道。他希望能過平靜的生活，不要因為自己寫的書而遭受迫害。

然而，他後來確實繼續發展他自己關於行星運行的觀念。他相信，每顆行星都被某些隱形物質所包圍。太陽系是以太陽為中心，行星全都在自己由隱形物質構成的漩渦裡圍繞著太陽轉。右圖是一幅 17 世紀的圖，描繪的是「笛卡兒的宇宙體系」，或是他對太陽系如何運行的觀點。

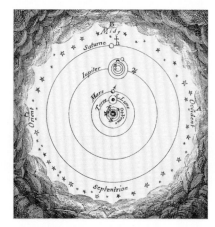

笛卡兒主張的行星體系。

要求終於獲得准許；至此，伽利略終於能有個與他的地位相稱的長眠之地。1737 年 3 月 12 日，在盛大的典禮下，伽利略的遺骸由聖十字禮拜堂取出，移葬至聖十字教堂一處適合的墓室裡。維維亞尼的遺骸也遷葬，安靈在伽利略旁。伽利略的半身像與墓室裡的紀念碑放在一起，與天文學和幾何學的代表人物並列。

偉大的英國詩人拜倫勳爵，曾在他的詩作《恰爾德・哈洛爾德遊記》裡，描述聖十字教堂和安葬在那裡的名人：

聖十字殿裡埋英骨，
成灰，造就聖地的榮光，
成塵，也蘊藏著不朽。
縱然逝者不可留，徒留英者骸骨，
米開朗基羅、艾爾菲里，在此長眠，
還有如星閃爍的伽利略，帶著一抹哀愁，
馬基維利的國度，在此回到原初的來處。

伽利略的兒子文森齊歐在 1649 年過世，當時他正在建造伽利略交待他做的鐘擺。伽利略死後，文森齊歐對擺鐘的製作就意興闌珊，在他死前一個月才重啟造鐘工程，雇用鐵匠鑄造零件。文森齊歐死時，還在嘗試解決一些技術問題，讓鐘裡的擺錘能適當運作，以維時鐘的準時。幾年之後，到了 1658 年，荷蘭數學家克里斯蒂安・惠更斯真正成功打造了第一具擺鐘。

雖然伽利略受到教會的懲戒，他有幾個後代子孫仍然參與天主教會事

務。他的孫子科西莫成為宣教士。他的曾孫卡羅是修士，另一個曾孫科西莫在奇安提新聖母教堂擔任教區教士。1992 年，教宗若望保祿二世發出正式聲明，宣布教會對伽利略的判決是錯誤的。

伽利略留給世界的禮物

不管天主教會同意或不同意，科學的發展只會一路往前，不會回頭。這場科學革命開啟了許多儀器的發明，後來用於研究天文和地理；而在這場革命裡，哥白尼、第谷、伽利略和克卜勒都盡了自己的一份心力。他們也觸發了科學世界的好奇探索。

天文的新發現不斷出現。1650 年代，惠更斯發現，伽利略觀測到在土星附近的，不是單一一顆衛星，而是土星環。他也發現了土星真正的衛星。1687 年，牛頓發表重力研究，說明萬有引力如何讓行星循軌道繞行太陽。1705 年，哈雷計算出某顆彗星的路徑，並以自己的名字為它命名——這顆鼎鼎大名的哈雷彗星，從地球上每 76 年就能看見一次。

1675 年，英王查理二世在格林威治建造天文台，目的是建構經度體系。今日，格林威治是本初子午線（經度 0 度線）的所在地，也是全球計算標準時間的基準。天文學家在性能日益強大的望遠鏡輔助下，又在太陽系更遠處發現三顆繞行太陽運轉的行星。這些望遠鏡遠比伽利略曾經用過的更強大。1781 年，英國科學家赫雪爾爵士發現了天王星；1846 年，法國科學家勒維耶

義大利兩千里拉紙鈔上的伽利略像。

發現了海王星；1930 年，美國科學家湯博發現了非常遙遠、非常小的冥王星。

1950 年代，美國和蘇俄從事太空計畫，建造能發射進入太空的火箭。1961 年，蘇俄首先把人類送進太空，尤里‧加加林駕乘太空船莫斯托克一號繞行地球。1960 年代，已有進入軌道的太空船能拍攝月球照片並傳回地球。

經過多年的準備和訓練，美國在 1969 年實現登月計畫，三位太空人駕乘阿波羅十一號飛往月球；7 月 20 日，登月小艇登陸月球，阿姆斯壯和艾德林成為首度踏上月球的人類；將近 400 年前，伽利略用他的望遠鏡仔細觀測的這顆衛星，終於有了人類的足跡。太空人在月球表面停留了 21 個小時，蒐集了 21 公斤的月球石頭。接下來幾年，在月球計畫終止之前，陸續又有好幾次的登月任務。

無人太空船的探索仍然沒有停下腳步。1976 年，海盜一號登陸火星，人類在史上第一次可以看到火星表面的彩色近照。在 1990 年代和 2004 年，太空船再度登陸火星，傳回照片。1990 年送進地球軌道的哈伯太空望遠鏡，能夠拍攝位於太空深處的物體和景象，傳回了前所未見的美麗照片。

NASA 在 1989 年啟動伽利略計畫。亞特蘭提斯太空梭將伽利略號探險太空船送進太空，研究木星和木星的衛星。伽利略號在 1995 年抵達巨大的木星附近，在總共航行 4,500 萬公里、傳回約 14,000 張照片之後，於 2003 年撞上木星，結束了任務。

伽利略對科學最重要的貢獻是他永不衰退的好奇心，以及他對真理的探究精神。他以觀測為做推論的邏輯，告訴世界思考的方法。

英國格林威治天文台，設立於1675年。

參考資源

伽利略時代的各任教宗

教宗名號	原名	在任期間	生卒年
庇護四世	Giovanni Angelo de' Medici	1559–65	1499–1565
庇護五世	Antonio Ghislieri	1566–72	1504–1572
格里高里十三世	Ugo Buoncompagni	1572–85	1502–1585
思道五世	Felice Peretti	1585–90	1520–1590
伍朋七世	Giambattista Castagna	1590	1521–1590
格里高里十四世	Niccolò Sfondrati	1590–91	1535–1591
諾森九世	Giovanni Antonio Facchinetti	1591	1519–1591
克勉八世	Ippolito Aldobrandini	1592–1605	1536–1605
保祿五世	Camillo Borghese	1605–21	1552–1621
格里高里十五世	Alessandro Ludovisi	1621–23	1554–1623
伍朋八世	Maffeo Barberini	1623–44	1568–1644

伽利略時代的各任托斯卡尼大公

名號	生卒年
科西莫一世	1519–1574
法蘭切斯科一世	1541–1587
斐迪南一世	1549–1609
科西莫二世	1590–1621
斐迪南二世	1610–1670

教宗格里高里十三世，曾於1582年實行曆法改革。

Inquisition　宗教法庭、宗教裁判所：天主教會內部的組織，專為處理異端分子而創造

irrigation　灌溉系統：為作物澆水的人為方法

Jesuits　耶穌會：天主教會的一個支派

latitude　緯度：由地球表面東西向的假想線所構成的一套系統，以標示在地表的南北相對位置

logic　邏輯學：科學推論的研究

longitude　經度：由地球表面南北向的假想線所構成的一套系統，以標示在地表的東西相對位置

mass　質量：物體含有物質的多寡

matter　物質：具有質量和體積的物質

mechanics　機械學：能量和力量如何作用於物體的研究

Middle Ages　中世紀：文藝復興時期之前的時代，科學的進展緩慢

nebulae　星雲：宇宙裡的雲霧地帶，通常是星星爆炸後的殘骸

optics　光學：鏡片和眼睛如何作用的研究

orbit　軌道運動：任何天體繞著另一個天體的運行

parallax　視差：從兩個地點觀看遠方同一個物體時，眼中所見物體位置所出現的差異

patron　贊助人：金主，資助藝術、科學或文學活動，以名聲為回報

penance　懺悔：為所犯的罪過展現真摯的歉意

pendulum　鐘擺：繫在繩、纜末端可以自由擺盪的重物

permutation　排列：數學名詞，表示賭博時可能出現的結果

philosophy　哲學：對智慧的追求

physics　物理學：研究物體運動和實體性質的科學

pious（piety）　虔誠：在宗教上奉獻心力並服從規範

plague　黑死病：在 14 至 17 世紀間的傳染病，造成數百萬人喪生

probability　機率，或然率：描述事件發生機會的數學

Protestant Reformation　（清教徒）宗教革命：由馬丁·路德發起的宗教運動，號召了數百萬人脫離天主教會

Ptolemaic system　托勒密體系：地心説，即主張太陽和所有行星都以地球為中心而繞行

pulsilogia　計脈器：運用鐘擺測量脈搏速度的儀器

quarantine　隔離檢疫區：一個與外界隔絕的地方（有時候是整個城市），安置有傳染病或致命疾病的人

recant　追認悔過：收回你所寫或所説的話

Renaissance　文藝復興：歐洲 15、16 世紀間，科學與藝術的復古與重生運動

satellite　衛星：在行星軌道上運行的星體，如月球

sector　比例規：用來量測角度、進行計算的儀器

sextant　六分儀：用以測量天體高度的儀器

solar system　太陽系：由恆星和繞行它的行星所組成的體系，以人類的世界為例，就是太陽和地球、火星、水星、金星等

specific gravity　比重：物體與同體積的水質量的比值

sunspot　太陽黑子：太陽表面的黑色斑點，因太陽本身的擾動所造成

supernova　超新星：爆炸的星星

telescope　望遠鏡：伽利略發明的儀器，可用來放大遠方的物體影像

theology　神學：對宗教的研究

treatise　論文：對於特定主題所寫作的詳盡討論

velocity　速度：物體移動的快慢

volume　體積：物體所占據的空間

▨ 重要人物索引

Apian, Peter and Philip　彼得‧阿皮安及菲利浦‧阿皮安（父子）：父子都是 16 世紀的天文學家，以科學方法觀測彗星。菲利浦‧阿皮安是麥斯特林的老師。

Archimedes　阿基米德：古希臘數學家，他對浮體的觀念與伽利略相左。

Aristotle　亞里斯多德：古希臘哲學家，他有些科學觀念遭到伽利略的反駁。

Bellarmino, Cardinal Roberto　羅貝托‧貝拉爾米諾樞機主教：1616 年時警告伽利略不可以講授或主張哥白尼理論。

Caccini, Tommaso　多瑪索‧卡契尼教士：1614 年公開發言反對伽利略，開啟一連串的事端，導致 19 年後伽利略受審。

Capra, Baldassar　巴爾達薩雷‧卡普拉：伽利略之前的學生，企圖竊取伽利略的發明，謊稱為自己的發明。

Castelli, Benedetto　貝內代托‧卡斯泰利：伽利略往來多年的老朋友。

Cesi, Federico　菲德利科‧塞西：伽利略的朋友，山貓學會創辦人；伽利略也是山貓學會的成員。

Copernicus, Nicolaus　尼古拉‧哥白尼：僧侶、科學家，1543 年提出日心説，主張地球繞著太陽運轉。

Cosimo II　科西莫二世：伽利略的贊助人，斐迪南一世的繼承人。

da Vinci, Leonardo　李奧納多‧達文西：16 世紀義大利的藝術家和科學家。

del Monte,Marqui Guidobaldo　圭多巴爾多‧達‧蒙帝侯爵：伽利略早期的一位贊助人。

Ferdinand I　斐南迪一世：伽利略的第一位贊助人，梅迪奇家族成員。

Ferdinand II　斐南迪二世：科西莫二世的繼承人，無力保護伽利略免於宗教審判。

Foscarini, Father Paolo Antonio　保羅‧安東尼奧‧佛斯卡里尼神父：寫書為哥白尼理論辯護的數學家，他的書觸怒天主教會，被教會列為禁書。

Galilei, Arcangela　阿坎吉拉‧伽利萊：伽利略的小女兒，與姊姊一起進入修道院成為修女。

Galilei, Maria Celeste　瑪麗亞‧瑟蕾絲特‧伽利萊：伽利略的大女兒，後來成為修女，從修道院寫了很多信給伽利略。

Galilei, Vincenzio　文森齊歐‧伽利萊：伽利略的兒子。

Galilei, Vincenzo　文森佐‧伽利萊：伽利略的父親。

Grassi, Horatio　霍拉提奧‧格拉希：一名耶穌會天文學家，曾寫書討論彗星。

Grienberger, Father Christopher　克里斯托夫‧葛林柏格神父：與伽利略同時代的數學家。

Hipparchus　希帕求斯：希臘早期天文學家，研究太陽和月亮的運動。

Kepler, Johannes　約翰尼斯‧克卜勒：德國數學家、天文學家，與伽利略相當友好。

Luther,Martin　馬丁‧路德：16 世紀清教徒宗教改革運動的開創者。

Maestlin, Michael　麥可‧麥斯特林：天文學家，克卜勒的老師。

Medici family　梅迪奇家族：有權有勢的佛羅倫斯家族，曾經出過教宗、皇后和其他名人，包括伽利略的贊助人。

Niccolini, Francesco　法蘭切斯科‧尼可里尼：伽利略的朋友，駐羅馬托斯卡尼大使，曾數次在教宗面前為伽利略喉舌。

Piccolomini, Ascanio　恩尼亞‧西爾維奧‧皮科羅米尼（大主教）：伽利略的朋友，西埃那大主教。

Pope Paul V　教宗保祿五世：伽利略遭禁止講授哥白尼理論時的在位教宗。

Pope Urban VIII　教宗伍朋八世：曾經是伽利略的朋友，但是《兩大世界體系的對話錄》在 1632 年出版時，就變為反對伽利略。

Ptolemy, Claudius　克羅狄斯‧托勒密：古天文學家、數學家，主張地心說。

Pythagoras　畢達哥拉斯：古希臘數學家。

Riccardi, Niccolo　尼科洛‧雷卡迪：出版審查官，拖延《兩大世界體系的對話錄》的出版時間達好多個月。

Sagredo, Giovanni Francesco　喬望尼‧法蘭切斯科‧薩格瑞多：伽利略在威尼斯的好朋友。

Scheiner, Christoph　克利斯托夫‧施艾那：伽利略的敵人之一，兩人的歧見始於對太陽黑子的觀點不同。

Torricelli, Evangelista　埃萬傑利斯塔‧托里切利：在伽利略臨終前，在伽利略家作客的年輕科學。

Viviani, Vincenzo　文森佐‧維維亞尼：伽利略的學生，陪伴伽利略走到生命的盡頭。

義大利重要地點索引

Arcetri　阿切特里：伽利略在位於此處的莊園裡度過人生的最後一段時光（1633-1642 年）。

Bellosguardo　貝羅斯伽多：伽利略在佛羅倫斯附近的家，從 1617 年開始居住了一段時間。

Florence　佛羅倫斯：伽利略童年時舉家遷居的城市。

Padua　帕多瓦：伽利略在這個城市教了 18 年的書。

Pisa　比薩：伽利略出生的城市。

Rome　羅馬：天主教會的總部所在，伽利略受審之地。

Siena　西埃那：1633 年時，伽利略前 5 個月的軟禁之地。

Tuscany　托斯卡尼：義大利的一個地區，比薩和佛羅倫斯

的所在地。

Venice　威尼斯：一個運河遍布的城市，鄰近帕多瓦，伽利略曾帶著他新造的望遠鏡來此。

伽利略重要著作索引

《試金者》（*The Assayer*）：討論彗星和光的本質。

《浮體論》（*Floating Bodies*）：討論物質在水中所呈現特質的早期著作。

《論太陽黑子》（*On Sunspots*）：伽利略對太陽黑子的發現。

《星星的使者》（*Starry Messenger*）：伽利略在此書寫下他用望遠鏡觀測到的發現。

《兩大世界體系的對話錄》（*Two Chief Systems*）：伽利略在此書討論托勒密體系和哥白尼體系。

《論兩種新科學》（*Two New Sciences*）：伽利略在本書討論投射體運動和材料強度。

NOTE

國家圖書館出版品預行編目（CIP）資料

跟大師學創造力 . 1：伽利略的大發現＋ 25 個酷科學實
驗 / 理查・潘奇克（Richard Panchyk）著；周宜芳譯 .
-- 初版 . -- 新北市：字畝文化創意出版：遠足文化發行，
2017.10
　　面；　公分 . --（Stem；1）
譯自：Galileo for kids : his life and ideas, 25 activities
ISBN 978-986-94861-9-4（平裝）
1. 伽利略（Galilei, Galileo, 1564-1642）2. 科學家 3. 傳記
4. 通俗作品
784.58　　　　　　　　　　　　　　　106017160

STEM001
跟大師學創造力 1：伽利略的大發現＋25個酷科學實驗

作者／理查・潘奇克 RICHARD PANCHYK　　譯者／周宜芳　審定／林瑞文

社長／馮季眉　編輯總監／周惠玲　責任編輯／吳令葳　編輯／戴鈺娟、李晨豪、徐子茹
封面設計及繪圖／三人制創　美術設計及排版／張簡至真　校對／李承芳

出版／字畝文化
發行／遠足文化事業股份有限公司　地址：231 新北市新店區民權路 108-2 號 9 樓
　　　電話：(02)2218-1417　傳真：(02)8667-1065　電子信箱：service@bookrep.com.tw
　　　網址：www.bookrep.com.tw　郵撥帳號：19504465 遠足文化事業股份有限公司　客服專線：0800-221-029

讀書共和國出版集團
社長／郭重興　發行人兼出版總監／曾大福　印務經理／黃禮賢　印務主任／李孟儒

法律顧問／華洋法律事務所　蘇文生律師　印製／中原造像股份有限公司

2017 年 10 月 13 日　初版一刷　定價：380 元　書號：XBST0001　ISBN：978-986-94861-9-4
2021 年 3 月　　　　初版六刷

特別聲明：有關本書中的言論內容，不代表本公司／出版集團之立場與意見，文責由作者自行承擔